おうちでできるおおらか金継ぎ

일러두기
- 원어는 처음 나올 때만 병기하되 필요에 따라 예외를 두었다.
- 인명·지명·단체명을 비롯한 고유명사의 외래어 표기는 국립국어원 외래어표기법을 따랐으나, 관례로 굳어진 것은 예외로 두었다.
- 킨츠기 용어는 최대한 우리말로 순화했지만, 일본 전통 방식인 만큼 순화하기 어려운 전문 용어는 일본어 표기를 사용했다.
- 단행본은 『』, 영화는 〈 〉로 묶었다.

느긋하고 자유롭게 킨츠기 홈 클래스
おうちでできるおおらか金継ぎ

2022년 8월 25일 초판 발행・2024년 11월 22일 2쇄 발행・**지은이** 호리 미치히로・**옮긴이** 서하나
펴낸이 안미르, 안마노, 오진경・**편집** 김한아・**디자인** 옥이랑・**마케팅** 김채린・**매니저** 박미영
제작 한영문화사・**글꼴** AG 최정호 민부리, AG 최정호체, Sandoll 설야

안그라픽스
주소 10881 경기도 파주시 회동길 125-15・**전화** 031.955.7755・**팩스** 031.955.7744
이메일 agbook@ag.co.kr・**웹사이트** www.agbook.co.kr・**등록번호** 제2-236(1975.7.7)

OUCHI DE DEKIRU OORAKA KINTSUGI
Copyright ⓒ MICHIHIRO Hori, 2018
All rights reserved.
No part of this book may be used or reproduced in any manner what so ever without written
permission except in the case of brief quotations embodied in critical articles and reviews.

Originally published in Japan by Jitsugyo no Nihon Sha, Ltd.
Korean Translation Copyright ⓒ 2022 by Ahn Graphics Ltd.
Korean edition is published by arrangement with Jitsugyo no Nihon Sha, Ltd. through BC Agency.

이 책의 한국어판 출판권은 BC에이전시를 통해 実業之日本社와 독점 계약한 안그라픽스에 있습니다.
저작권법에 따라 한국 내에서 보호를 받는 저작물이므로 무단 전재와 복제를 금합니다. 정가는 뒤표지에 있습니다.
잘못된 책은 구입하신 곳에서 교환해 드립니다.

ISBN 979.11.6823.015.6 (13630)

좋아하는 그릇,
직접 고쳐봅니다

느긋하고 자유롭게
킨츠기 홈 클래스

호리 미치히로 지음
서하나 옮김

시작하며

좋아하는 그릇이 깨져 속상했던 적, 있지 않나요? 이가 나가거나 깨져도 수선하면서 계속 사용하고 싶은 마음. 그런 바람을 실현해주는 것이 킨츠기金継ぎ입니다.

킨츠기는 천연소재인 옻을 사용해 이가 나가거나 깨진 도자기를 수선하는 전통 방법입니다. 과거에는 마키에[1] 장인이 킨츠기를 부업으로 하며, 다도의 세계를 중심으로 한 일부에만 알려져 있었습니다. 하지만 최근에는 킨츠기에 직접 도전하는 사람이 늘었습니다. 저는 그런 분들을 위한 교실 '킨츠기부金継ぎ部'를 운영합니다. 이 책에서는 킨츠기부 교실에서 가르치는 것과 똑같이, 초보자에서 중급자를 위한 '옻을 사용해 집에서도 할 수 있는' 킨츠기 방법을 소개합니다.

특징은 네 가지 '가장'입니다.

1   진짜 옻을 사용한 가장 전통적인 방법
2   시너, 벤젠 등 유기용제를 사용하지 않아 몸에 가장 무해한 방법
3   재미있고 알기 쉽도록 가장 간략화한 방법
4   '수선'이 목적이므로 가장 비용이 적게 드는 경제적인 방법

위 네 가지 방법을 사용해 누구나 손쉽게 구할 수 있는 도구로 집에서 편하게 킨츠기를 즐기기 바랍니다.

조금 시간이 걸려도 좋아하는 그릇을 자기 손으로 직접 수선한다면 정말 기쁘겠지요. 여유를 가지고 느긋하게 킨츠기를 즐겨봅시다.

에도 시대[2] 중기, 수출용으로 제작된 빈티지 이마리[3] 소메쓰케[4] 사발. 스즈분(64쪽)으로 수선했습니다.

19세기 프랑스의 바카라[5]에서 생산해 수입된 유리 소재의 작은 꽃 접시. 유리 킨츠기(78쪽)에는 금박을 사용합니다.

19세기 프랑스의 퀴 누아르[6] 접시. 검은색 옻과 꺾쇠 잇기(70쪽)로 수선하는 중입니다.

네덜란드 델프트Delft라는 지역에서 생산되는 도자기인 크림 포트Cream pot에
빈티지 이마리 도자기 파편을 이어 요비츠기(74쪽)로 수선. 접시는 프랑스 앤티크 제품을 은으로 수선했습니다.

도자기 파편끼리 이어 붙이고 금분으로 마감했습니다.

칠기. 흰색 옻으로 수선했습니다.

(위) 19세기 프랑스에서 제작된 귀여운 장식용 접시.
(중간) 16세기에 베트남에서 생산된 닭 모양의 장식품. 여행길에 발견했습니다.
(아래) 17세기 네덜란드 델프트 접시. 모두 금분으로 마감했습니다.

빈티지 이마리 도자기 조각끼리 요비츠기로 수선.
회색 부분은 나무 조각과 고쿠소우루시(41쪽)로 만들어 주석으로 마감했습니다.

16세기 무렵에 제작된 오래된 찻주전자. 깨진 주전자 주둥이를 킨츠기로 수선했습니다.
사기 숟가락은 중국 청나라[7] 시대의 것으로, 일본 전통 종이인 와시(82쪽)를 감아 보강한 뒤 금으로 마감했습니다.

이 책의 사용법

1 공정별 사용 도구
손쉽게 구할 수 있는 도구와 재료 위주로 골랐습니다.

2 순서
장인이 작업하는 모습을 직접 옆에서 보는 듯 알기 쉬운 사진에 친절하고 자세한 해설을 붙였습니다.

3 완성품
공정별 견본 그릇. 킨츠기를 통해 다시 태어났습니다.

4 핵심
깨람이와 금찌가 알려주는 중요 포인트!

5 옻칠 건조장에서 건조하기
옻을 말리기 위해 옻칠 건조장에 넣어둔다는 표시입니다.

6 TIP
실수하기 쉬운 부분을 짚어주고 궁금증을 해결해주는 보충 설명입니다.

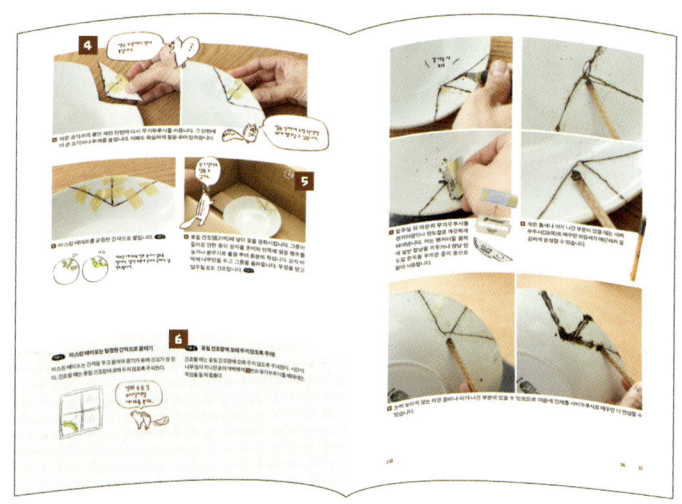

안내자

깨람이
등과 꼬리에 무늬가 있는 다람쥐.

금찌
털이 하얗고 속눈썹이 긴 다람쥐.

1장
먼저 이것만은 알아두자

이런 그릇을 고칠 수 있습니다	18
킨츠기란?	20
전처리	24
접착용 무기우루시	26
구멍 메우기용 사비우루시	28
칼럼 1. 옻 알레르기에 대해	31

2장
킨츠기의 기초

깨진 그릇	34
이가 나간 그릇	40
칼럼 2. 도구 손질법과 사용법	45
금이나 실금이 간 그릇	46
흠집	50

3장
킨츠기 마감하기

금분 뿌리기	56
칼럼 3. 금분의 종류	61
은분·스즈분·신추분 뿌리기	62
칼럼 4. 금속분에 대해	66

4장
응용 킨츠기

꺾쇠 잇기 수선법	70
요비츠기 수선법	74
유리 킨츠기 수선법	78
보강	82
야키츠기 수선법	88
칼럼 5. 킨츠기로 수선한 그릇 사용법	90

킨츠기 재료 전문 매장 목록	92
Q&A	94
역주	96

킨츠기에서는 그릇 파손 상태에 따라
수선의 진행 순서가 달라집니다.
지금부터 배울 킨츠기를 어떤 공정에
맞춰 진행할지 전체 순서를 확인합니다.
그리고 모든 공정에 반드시 필요한 옻의
기본 지식과 전처리 방법을 소개합니다.

1장

먼저 이것만은 알아두자

이런 그릇을 고칠 수 있습니다

1 깨진 그릇

쨍그랑하고 그릇이 몇 개의 조각으로 나뉜 상태를 '깨졌다'라고 합니다. 사기 숟가락 손잡이나 컵 손잡이, 주전자 주둥이 등이 자주 파손됩니다. 깨지고 이가 나가고 금이 가는 파손이 동시에 일어날 때도 종종 있습니다.

2 이가 나간 그릇

그릇 일부가 깨져 없어진 상태를 '이가 나갔다'고 표현합니다. 조각이 없어도 괜찮습니다. 킨츠기로 고칠 수 있습니다.

1 34쪽

2 74쪽

1 82쪽

2 40쪽

3 금이나 실금이 간 그릇

물이 샐 정도로 얇게 균열이 간 상태를 '금ひび', 물은 새지 않지만 살짝 균열이 간 상태를 '실금にゅう'이라고 합니다.

4 흠집

바탕 표면이 뜯겨 나간 듯이 이가 나간 상태를 '흠집ほつれ'이라고 합니다. 그릇이 깨지는 일만큼 빈번하게 발생하는 파손입니다.

4 53쪽

3 46쪽

4 50쪽

1장 먼저 이것만은 알아두자

킨츠기란?

느긋하고 자유롭게 즐깁시다

'킨츠기'는 쉽게 말하면 그릇 수리 기법입니다. 현대에는 그 방법으로 몇몇 선택지가 있습니다.

1. 합성수지(퍼티)나 접착제로 접착해, 합금 도료로 마감하는 간이적 방법
2. 합성수지(퍼티)나 접착제로 접착하고, 마지막에 금선으로 마감하기 전에만 옻을 사용하는 방법
3. 전 공정에 옻을 사용해 수선하는 전통 기법

위 방법들은 각각 목적이 다르기 때문에 적재적소에 사용해야 합니다. 어떤 방법을 선택할지는 그릇 주인이 어떤 마음가짐과 사고방식으로 그릇을 수선할지 생각해 스스로 정합니다.

이 책에서는 옻 장인인 저의 장점을 살려 세 번째 방법으로 설명합니다. 만약 자신과 맞지 않는다면 다른 방법을 선택해도 좋습니다.

한 가지 당부하고 싶은 점은 시간과 정성을 들여 소중한 그릇을 수선한다면 되도록 몸에 무해한 재료를 선택하기를 바란다는 것입니다. 천연 소재인 옻으로 수선하면 몸에 무해하고 재수선도 가능합니다. 시간이 조금 걸려도 애정을 담아 정성을 들이면 그만큼 아름다운 그릇으로 완성할 수 있습니다. 킨츠기는 그릇을 사랑하고 소중히 여기는 마음이라고 생각합니다.

'야쓰스ゃつす'라는 일본어가 있습니다. 사전에 첫 번째로 나오는 '초라하게 변장한다'라는 의미로만 생각하기 쉽지만, '화장하다' '멋을 부리다'라는 의미도 있다고 합니다. 킨츠기를 통해 그릇을 멋스럽게 꾸민다는 마음으로 즐기셨으면 합니다.

옻에 대해

옻은 옻나무의 수액으로 훌륭한 천연 고분자 도료입니다. 일본에서는 1만 2,600년 전의 옻나무가 출토된 적이 있으며, 조몬 시대[8] 전기부터 재배되고 채집되어왔습니다. 옻은 주로 화살촉이나 화살, 토기 등에 발랐다고 알려져 있습니다.

킨츠기도 상당히 오래전부터 사용되어 온 기법입니다. 깨지고 이가 나간 부분을 고치거나 모래와 섞어 토기의 구멍을 메우던 긴 역사가 있습니다. 그리고 이 기법은 현대에도 꾸준히 이어져 내려왔습니다.

옻은 쉽게 말해 강력한 천연 도료입니다. 옻에 묻어 마르면 물이 들어 절대로 제거할 수 없습니다. 또한 피부의 수분이나 단백질과 잘 반응하기 때문에 피부에 묻어 건조되면 좀처럼 지워지지 않고 알레르기 반응을 일으킵니다. 처음에는 옻이라는 도료가 지닌 신기하고 강한 힘에 당황할 수도 있지만, 세상에 오직 하나뿐인 소재를 마음껏 사용해보셨으면 좋겠습니다.

옻칠 건조장에 대해

옻칠 건조장漆風呂은 옻칠한 그릇을 위한 목제 수납장으로 건조 설비를 말합니다. 오래전부터 옻 공예 관계자가 사용해왔습니다. 내부에는 띳장이 설치되어 있어 선반을 걸 수 있습니다. 깊이가 깊은 신발장과 형태가 비슷하다고 생각하시면 됩니다. 일반인은 구하기 어렵지만, 차 상자나 나무 상자, 종이 상자 등으로 대용할 수 있습니다.

이 책에서는 사각형이면서 내부를 적셔 습기를 적절하게 조절할 수 있는 종이 상자를 추천합니다. 플라스틱 소재는 습기가 차서 안에 넣어둔 천에 곰팡이가 생길 수 있습니다.

옻은 습기로 건조된다

옻의 건조 경화는 빨래가 마르는 원리와는 다릅니다. 옻 안의 라카아제[9]가 공기 중의 수분을 끌어들여 작용하는 '산화중합'으로 효소가 딱딱해지는 반응이 옻의 건조 경화입니다. 따라서 옻이 마르기 위해서는 온도와 습도가 중요합니다. 산화중합 작용을 활성화하기 위해서는 아래와 같이 습도 조절이 가능한 공간이 필요합니다. 습도계와 온도계를 상자에 넣어두고 최적의 환경을 유지해주세요.

옻칠 건조장과 실제 모습

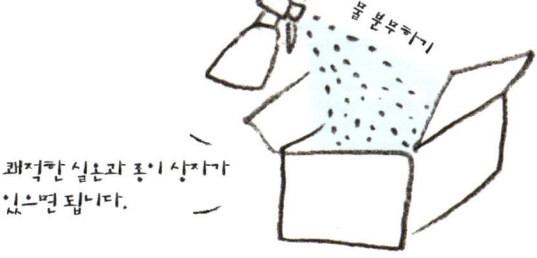

간단 공정표

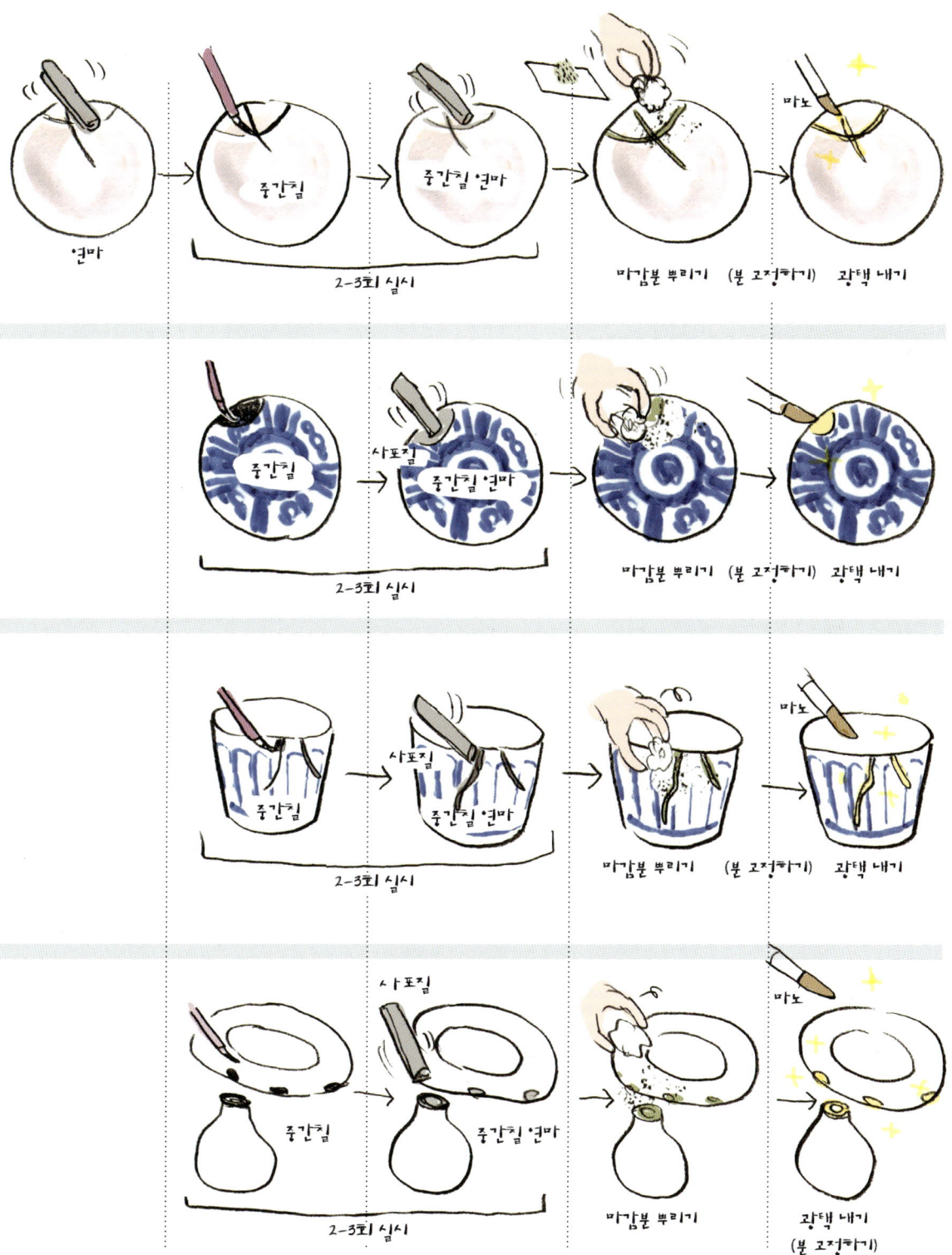

전처리

킨츠기로 튼튼하고 아름답게 수선하기 위해서는 처음이 중요합니다

도구

- **A** **루터** (생활용품 매장 등에서 살 수 있다.)
- **B** **일회용 라텍스 장갑** (생활용품 매장 등에서 파는 일회용 장갑. 옻을 다룰 때는 반드시 장갑을 낀다.)
- **C** **유리판** (목판이나 아크릴판도 가능)
- **D** **면봉**
- **E** **생옻生漆** (옻나무를 긁어 채취한 뒤 불순물을 여과한 옻을 말한다. 주로 바탕칠을 하거나 고정할 때, 옻을 얇게 바를 때 사용한다. 입자가 균질하지 않아 칠에는 적합하지 않다.)
- **F** **헝겊** (옻을 닦아내는 용도이므로 더러워져도 괜찮은 것. 휴지나 키친타월도 가능하다.)
- **G** **마스킹 테이프**

순서

1 유리판에 옻을 소량 덜어냅니다.

2 면봉에 생옻을 묻혀 모든 깨진 단면에 얇게 바릅니다. **TIP 1**

3 헝겊으로 남은 옻을 닦아낸 뒤 옻칠 건조장(36쪽 **6**번)에서 하룻밤 건조합니다.

이제부터 옻을 사용하므로 반드시 라텍스 장갑을 낍니다. 이 책에서는 사진이 잘 보이도록 장갑을 끼지 않았습니다.

옻칠 건조장에 넣어 건조하는 대신 전기 가마나 오븐에서 120℃로 두 시간 정도 고온 경화하는 "야키즈케焼き付け"라는 방법도 있습니다.

깨지거나 금이 간 그릇을 고칠 때

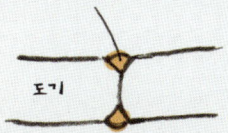

단면 정리를 해주면 옻이 그릇을 이어붙인 틈새에 들어가므로 접착력이 풀어진다. 생략하는 사람도 있다.

도기

일회용 라텍스 장갑을 끼기 전에 먼저 할 작업이 있다. 루터나 거친 사포로 깨진 단면의 모서리를 갈아내 정리하는 '단면 정리面取り'를 진행하고 마스킹 테이프를 준비해둔다. 마스킹 테이프는 작게 잘라 유리판 한쪽에 붙여놓는다.

TIP 1 옻이 번졌다면?

도자기 종류에 따라서는 바로 생옻을 바르면 사진처럼 유약 아래에 옻이 스며들어 마치 오줌 싼 흔적처럼 될 때가 있다. 이런 일이 염려될 때는 생옻을 칠하기 전, 단면에 아교, 흰색 옻, 달걀흰자 등을 바르면 옻이 번져 얼룩이 생기는 것을 방지할 수 있다.

접착용 무기우루시

파편끼리 붙일 때 접착제 역할을 하는 옻입니다

도구

- **A** 물
- **B** 플라스틱 헤라 두 개 (하나는 예비용. 도구를 사용할 때 두 개 준비해두면 편리하다.)
- **C** 유리판
- **D** 생옻
- **E** 강력분 (일반 요리용 밀가루면 된다.)
- **F** 밀가루용 숟가락
- **G** 마스킹 테이프

순서

1 무기우루시麦漆를 만들기 위해 전처리(24쪽)에서 사용한 생옻 옆에 강력분을 덜어 물과 섞습니다.

2 물과 강력분을 섞어 플라스틱 헤라로 반죽합니다. 점착력이 생기면 반죽한 강력분 양에 비례해 1.5-2배의 생옻을 조금씩 섞습니다. *TIP 1*

3 사진처럼 10cm 정도 늘어날 만큼의 점성이 생기면 적당합니다. 점성이 부족할 때는 생옻의 양을 조절해 넣어가면서 무기우루시를 완성합니다. *TIP 2*

4 무기우루시는 공기와 접촉하면 점점 변색하므로 작업 중에는 플라스틱 헤라로 덮어둡니다. 재료를 너무 많이 만든 경우 랩으로 싸두면 2-3일 더 사용할 수 있습니다.

TIP 1 강력분을 사용하는 이유는?

밀가루에 물을 넣어 반죽하면 단백질이 섬유가 되어 엉키면서 글루텐의 찰기가 생긴다. 이 책에서는 사용하기 편하도록 글루텐이 가장 많이 생성되어 찰기가 강한 강력분을 사용한다. 풀(무기우루시)을 얇게 바르고 싶을 때는 중력분이나 박력분을 사용한다.

TIP 2 점성은 생옻으로 조절

무기우루시가 딱딱해졌다고 해서 물로 희석하지 않는다. 반드시 생옻의 양으로 조절한다.

구멍 메우기용 사비우루시

작은 구멍을 메우기 위한 옻입니다

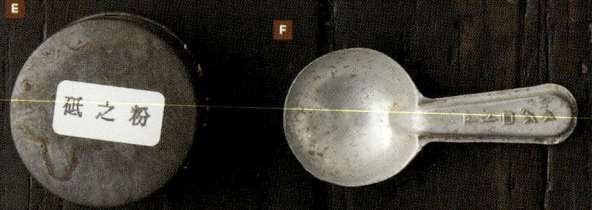

도구

- A 물
- B 플라스틱 헤라 두 개
- C 유리판
- D 생옻
- E 토분砥之粉 (숫돌 가루 혹은 찰흙을 태워서 만든 가루)
- F 토분용 숟가락

순서

26쪽의 무기우루시를 만들 때처럼!

1 사비우루시錆漆도 마찬가지로, 먼저 유리판에 한 숟가락 정도 토분을 덜어 놓습니다. 원형으로 둑을 만든 뒤 가운데에 스포이트로 조금씩 물을 떨어뜨립니다.

물이 부족해 울퉁불퉁하다

물이 많아 반사된다

간 겨자정도의 점성이 되면 이상적입니다.

2 물과 토분을 섞어 가루가 없어질 때까지 잘 반죽합니다. 물로 반죽한 토분에 조명을 비추었을 때 빛이 반사되면 물이 많다는 증거입니다. 알맹이가 느껴지거나 가루가 남아 있다면 물이 적은 것이므로 물 양을 조절합니다.

3 반죽한 토분에 생옻을 더합니다. 반죽한 토분이 10이라면 생옻은 6입니다. TIP1 반죽이 균질해지면 작은 구멍을 메우는 데 사용할 사비우루시 완성입니다.

4 사비우루시도 무기우루시와 마찬가지로 공기와 접촉하면 점점 색이 변합니다. 사비우루시는 건조가 빠르기 때문에 3분에 한 번씩 다시 반죽합니다.

TIP1 **생옻은 반드시 토분 옆에 덜어둔다**

튜브에 들어 있는 생옻을 유리판에 덜어낼 때는 물로 반죽한 토분 위가 아니라 3 과 같이 옆에 덜도록 한다. 사진처럼 위에 덜면 10 대 6의 비율을 확인하기 어렵다.

칼럼 1. 옻 알레르기에 대해

옻 알레르기는 옻이 건조될 때 피부와 반응해 염증을 일으키며 나타납니다. 증상은 몸 상태, 체질, 계절에 따라 개인차가 있으며, 킨츠기부 학생 가운데서도 5-10% 확률로 발병했습니다.

신진대사가 활발하고 땀샘이 열려 있는 여름에 알레르기가 더 발생하기 쉽다고 알려져 있습니다. 킨츠기의 이상적인 작업 복장은 피부에 직접 옻이 닿지 않도록 노출이 적은 복장입니다.

옻이 피부에 묻었을 때

되도록 빨리 식물성 기름으로 닦아냅니다. 옻은 물로 제거되지 않습니다. 집에 돌아가 가능한 한 빨리 목욕하면서 각질 제거용 돌 등으로 문질러 제거합니다.

옻 알레르기 증상

옻이 묻은 뒤 일주일 정도 잠복 기간이 지나면 증상이 나타납니다. 눈꺼풀, 목, 손발, 복부 등 피부가 약한 부위에 가려움증을 동반한 작은 물집이 생깁니다. 일반적으로 며칠 증상이 심해졌다가 이후 완화되며 10일 정도 지나면 흉터 없이 사라집니다. 옻에는 독성이 없습니다. 하지만 꽃가루가 많이 날리면 꽃가루 알레르기가 심해지듯이, 옻에 노출되는 일이 많으면 알레르기 증상이 나타납니다. 이것이 잠복 기간이 있는 이유입니다.

옻 알레르기 증상이 나타나면?

바로 피부과에 가세요. 알레르기 부위에 부신피질 호르몬을 바르면 가장 효과가 좋습니다. 가려움증과 부기가 심해지면 먹는 약을 처방받거나 주사를 맞도록 하세요.

- 의학적으로 옻 알레르기에 면역이 생기는지는 불분명하지만, 통계상으로 90%의 사람이 점점 알레르기 증상이 나타나지 않게 된다. 옻에 대한 지식이 없는 의사라면 일반 가려움증 완화약을 처방하는 경우도 있다.
- 옻 알레르기 전용 특효약은 없다.

민간요법 등

- 술에 담가 둔 비파나무 잎을 바른다.
- 벌레 물린 곳에 바르는 약으로 빠르게 가려움증을 완화할 수 있다.
- 말기름을 바른 다음 반창고를 붙인다.
- 과거에는 소금물 혹은 민물 게를 으깬 즙을 바르면 좋다는 이야기도 있었다.
- 여름에는 민소매 옷을 입고 킨츠기를 하는 사람도 있는데 정말 위험하다. 되도록 피부가 드러나지 않도록 하는 것이 최선의 예방책이다.
- 피부 보호막을 형성해주는 보습 크림을 미리 피부에 바르면 어느 정도 예방할 수 있다.

킨츠기는 먼저 파손된 부분을 옻으로
수선한 다음 마지막에 금속분金属粉을
뿌려 마감합니다. 2장에서는 '깨진 그릇'
'이가 나간 그릇' '금이나 실금이 간
그릇' '흠집이 난 그릇' 등 초보자도 쉽게
수선할 수 있도록 작업 예시를 들면서
완성까지의 공정을 소개합니다.

2장

킨츠기의 기초

도구

- A 물
- B 강력분
- C 토분
- D 양날 면도칼 (37쪽)
- E 플라스틱 헤라 두 개
- F 루터
- G 대나무 헤라
- H 펜커터칼[10] (37쪽)
- I 세필붓 (마키에붓이나 0호 붓 등)
- J 마스킹 테이프
- K 사포 (400방, 800방)
- L 면봉
- M 검은색 옻 黑呂色漆 (마감용 검은색 옻. 옻 성분인 우루시올과 철분을 반응시켜 정제한 것이다. 옻에는 다양한 이름이 있는데 모두 생옻을 바탕으로 만들며 가열, 교반으로 정제하거나 안료를 섞어 만든다.)
- N 생옻

순서

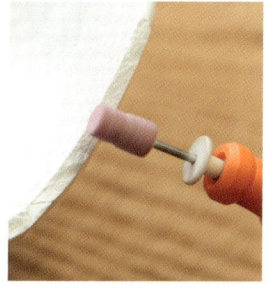  

1 먼저 전처리 단계입니다. 루터나 거친 줄로 깨진 단면을 정리한 뒤(24쪽) 모든 단면에 생옻을 바른 다음 하룻밤 건조합니다.

2 깨진 단면의 한쪽 면에 대나무 헤라로 접착용 무기우루시(26쪽)를 얇고 균등하게 바릅니다. (양면에 바르는 방법도 있지만, 한쪽만 발라도 충분합니다.)

3 만약 세 조각 이상으로 깨졌다면 먼저 작은 조각끼리 붙입니다. 큰 조각부터 붙이면 나중에 작은 조각이 들어가지 않는 경우가 발생합니다. 양쪽에서 힘을 꽉 주어 압력을 가해 단단하게 붙인 뒤 마스킹 테이프로 고정합니다.

4 작은 조각끼리 붙인 파편 단면에 다시 무기우루시를 바릅니다. 그 단면에 더 큰 조각이나 본체를 붙입니다. 이때도 확실하게 힘을 주어 압착합니다.

5 마스킹 테이프를 균등한 간격으로 붙입니다. **TIP 1**

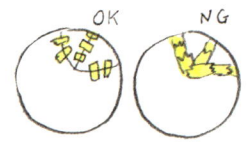

6 옻칠 건조장(21쪽)에 넣어 옻을 경화시킵니다. 그릇이 들어갈 만한 종이 상자를 준비해 안쪽에 젖은 행주를 놓거나 분무기로 물을 뿌려 충분히 적십니다. 상자 바닥에 나무판을 두고 그릇을 올려둡니다. 뚜껑을 닫고 일주일 정도 건조합니다. **TIP 2**

TIP 1 마스킹 테이프는 일정한 간격으로 붙이기

마스킹 테이프는 간격을 두고 붙여야 공기가 통해 건조가 잘 된다.

TIP 2 옻칠 건조장에 오래 두지 않도록 주의!

건조 때는 옻칠 건조장에 오래 두지 않도록 주의한다. 시간이 너무 많이 지나면 옻이 딱딱해져 **1**번의 무기우루시를 떼어내는 작업을 할 때 힘들다.

7 일주일 뒤 여분의 무기우루시를 펜커터칼이나 면도칼로 깨끗하게 떼어냅니다. 저는 펜커터칼 몸체에 일반 칼날을 끼우거나 양날 면도칼 한쪽을 두꺼운 종이 등으로 감싸 사용합니다.

8 작은 틈새나 이가 나간 부분이 있을 때는 사비우루시(28쪽)로 메우면 이음새가 매끈해져 깔끔하게 완성할 수 있습니다.

9 눈에 보이지 않는 작은 틈이나 이가 나간 부분이 있을 수 있으므로 이음새 전체를 사비우루시로 메우면 더 안심할 수 있습니다.

10 하루 이상 지난 뒤 틈새를 메운 사비우루시를 둥글게 만 400방 사포로 갈아 정리합니다. 내수 사포에 물을 묻혀가면서 합니다.

11 중간칠 1회차입니다. 유리판에 검은색 옻을 덜어 세필붓으로 이음새에 옻을 올립니다. 깨진 그릇의 경우 이음새의 선을 얇고 가늘게 그린 뒤 금분을 뿌려 마감하면 아름답습니다. TIP 3

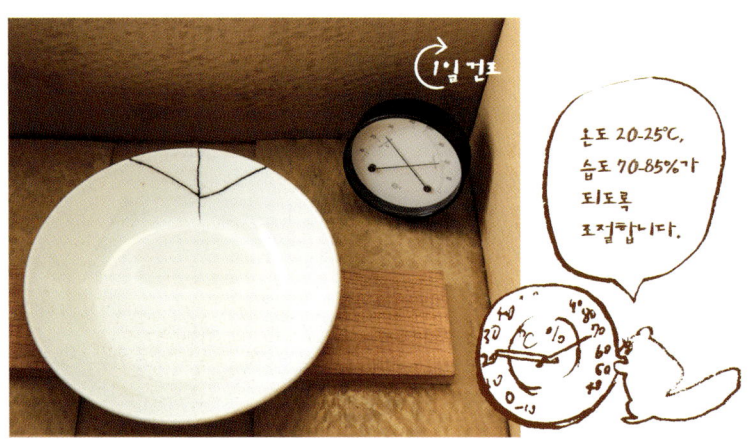

12 다시 옻칠 건조장에서 옻을 경화시킵니다.

TIP 3 중간칠을 깔끔하게 하는 방법은?

중간칠 2회차부터는 선이 점점 두꺼워지므로 1회차 때 되도록 선을 가늘게 그린다.

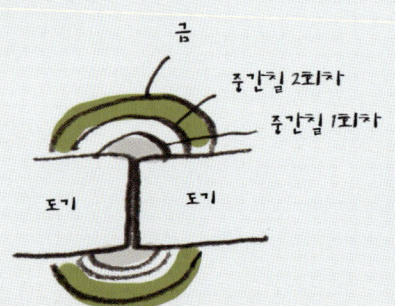

얼마나 연마하면 될까?

깔끔한 선을 위해서는 옻칠한 면이 잘 연마되어 있어야 한다. 중간칠 1회차에서는 60% 정도, 중간칠 2회차에서는 80% 정도 광택을 없앤다는 느낌으로 사포질을 한다. 바둑알이나 벼루처럼 광택이 없는 상태가 이상적이다. 선이 얇아 가늠하기 어려울 때는 대략적이어도 괜찮다.

13 연마 → 중간칠 2회차 → 옻칠 건조장에서 하룻밤 건조하기 → 연마 → 중간칠 3회차 → 옻칠 건조장에서 하룻밤 건조하기. 이와 같은 중간칠 과정을 반복합니다.

14 800방 사포로 광택을 80% 정도 없앤다는 느낌으로 갈아냅니다. 너무 많이 갈면 선이 전부 떨어질 수 있으므로 정리하듯이 연마합니다. 이제 드디어 마감입니다.

몇 번이나 중간칠을 하는 이유?

킨츠기의 강도를 높이고 선과 면을 깔끔하게 정리하기 위해서다. 단순 반복 작업이지만, 깔끔한 마감을 위해 반드시 필요한 과정이다.

이가 나간 그릇

깨진 부분의 조각이 없는 상태

조각이 사라진
부분을 채울 거예요!

도구

- A 물
- B 면봉
- C 목분 (톱밥)
- D 플라스틱 헤라 두 개
- E 대나무 헤라 (요리용 꼬치나 점토 헤라도 OK)
- F 펜커터칼 (37쪽)
- G 세필붓
- H 강력분
- I 사포 (400방, 800방)
- J 검은색 옻
- K 생옻

순서

1 먼저 전처리 단계입니다. 유리판에 생옻을 소량 짠 뒤 면봉으로 깨진 단면에 바릅니다. 마지막에 헝겊이나 휴지로 찍어내기 때문에 젖기만 하면 됩니다. 옻에는 침투력이 있습니다.

2 다음으로 깨진 부분을 메우기 위해 '고쿠소우루시刻苧漆'를 만듭니다. 무기우루시(26쪽)와 목분을 1:2의 비율로 유리판에 덜어놓습니다.

3 목분 가루가 보이지 않을 때까지 플라스틱 헤라로 잘 섞습니다. 손에 늘어붙지 않을 정도의 점토 같은 질감이 되도록 반죽합니다.

4 고쿠소우루시를 깨진 부분에 대나무 헤라로 붙인 뒤 손가락으로 형태를 만듭니다. 그다음 옻칠 건조장에서 7-10일 정도 경화시킵니다. 깨진 부분이 커서 많이 채워야 하는 경우에는 2회, 3회로 나누어 형태를 만들고 경화시킵니다.

5 펜커터칼로 형태를 다듬어갑니다. 되도록 칼날 전체를 사용해 덜어내듯이 깎아냅니다. 굴곡이 있는 면은 면도날(37쪽)을 사용하면 굴곡에 맞춰 깎을 수 있습니다.

고쿠소우루시란?

옻칠 바탕 재료의 하나다. 무기우루시와 목분을 섞어 되직하게 반죽한, 이른바 옻 퍼티. 본래 모시풀苧麻[11]을 잘게 썬 것을 의미했다. 작업자에 따라서는 면을 넣은 고쿠소면, 토분, 샤모테chamotte 백색 점토 가루를 넣을 때도 있다.

TIP 1 툭 하고 떨어졌다면

칼날이 무디거나 칼날을 대는 각도에 따라 고쿠소우루시가 그대로 떨어질 수 있으므로 주의해야 한다. 만약 떨어졌다면 버리지 말고 무기우루시로 다시 붙인다.

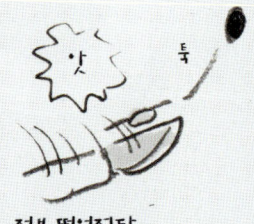

6 400방 사포를 봉 형태로 말아서 표면이 평평해질 때까지 물 사포질을 합니다.

7 칼로 너무 많이 깎았거나 요철이 있다면 고쿠소우루시나 사비우루시(28쪽)로 채워서 정리합니다. 이 작업을 어떻게 하느냐에 따라 완성도가 달라집니다. 주변과 단차 없이 매끈하게 마감할지, 살짝 볼록하게 올라온 상태로 마감할지는 개인의 취향에 따라 선택합니다.

8 중간칠 1회차입니다. 이때 칠한 검은색 옻이 방수 등 코팅 역할을 합니다. 따라서 고쿠소우루시나 사비우루시 등의 바탕면 전체를 감싸듯이 옻을 올린 뒤 옻칠 건조장에서 하룻밤 경화시킵니다. 너무 두껍게 바르면 옻이 흘러내리거나 수축할 수 있습니다. *TIP 2*

TIP 2 흘러내림たれ이나 수축ちぢみ에 주의!

수축이란 옻칠을 한 뒤 도막 면에 생기는 '주름'을 말한다. 옻 칠한 층을 모두 갈아내지 않으면 흔적이 남기 때문에 오히려 수정에 시간이 더 걸릴 수 있다. 한 번에 두껍게 칠하겠다고 욕심을 부려 수축이 생기는 것보다 몇 번에 걸쳐 얇게 칠하는 편이 지름길이 될 수 있다.

흘러내림   수축

2장 킨츠기의 기초

9 하루 이상 지난 뒤 800방 사포를 봉 형태로 말아 물 사포질을 하고 중간칠 2회차를 진행합니다. 여기에서 기본은 얇고 균일하게 칠하는 것입니다. 옻칠 건조장에 다시 하루 이상 두고 옻을 경화시킵니다.

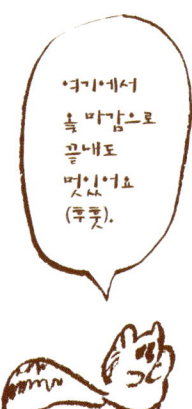

10 다시 800방 사포를 사용해 물 사포질을 합니다. 광택을 80% 정도 없앤다는 느낌으로 정리하면 드디어 마감에 들어갑니다.

칼럼 2. 도구 손질법과 사용법

과정이 끝날 때마다 도구를 씻어 정리합시다. 옻은 물로 씻을 수 없으므로 기름으로 제거해야 합니다. 기름은 크게 두 종류가 있습니다.
- 불건성유(마르지 않는 기름)
- 건성유(마르는 기름)

이 둘을 도구의 소재에 맞춰 사용합니다.

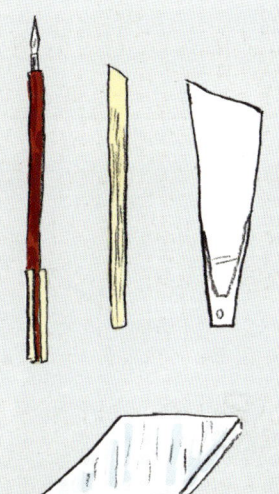

붓 씻는 법

유채씨유, 샐러드유, 올리브유 등 불건성유를 사용해 씻습니다. 먼저 유채씨유를 500원짜리 동전 크기만큼 유리판에 덜어냅니다. 더러워진 붓에 기름을 충분히 묻힌 다음, 처음 기름을 덜었던 곳과 다른 위치에서 여분의 옻을 봉으로 제거합니다. 기름이 투명해질 때까지 6-7회 반복합니다. 옻 성분이 조금이라도 남아 있으면 옻이 굳어 붓을 사용하지 못하게 되니 옻을 확실하게 제거합니다. 붓을 다 씻은 다음에는 기름에 듬뿍 적셔서 보관합니다.

헤라와 유리판을 씻는 법

헤라나 유리판을 씻을 때는 테레빈유terebene油를 사용합니다. 테레빈유는 유화 등에 사용하는 송정유 혹은 편뇌유입니다. 테레빈유를 소량 덜어 옻과 섞듯이 씻은 뒤 헝겊이나 휴지로 닦아냅니다. 테레빈과 유채씨유를 섞어 청소하면 정말 잘 지워집니다.

붓을 사용하기 전

붓은 기름을 적셔 보관하고 사용 전에 헝겊이나 휴지로 기름을 완전히 제거합니다. 붓에 기름이 남은 채로 옻을 묻혀 칠하면 옻이 잘 건조되지 않습니다.

금이나 실금이 간 그릇

눈에 확실하게 보이는 균열은 '금' 그 이외의 갈라짐이 '실금'입니다

도구

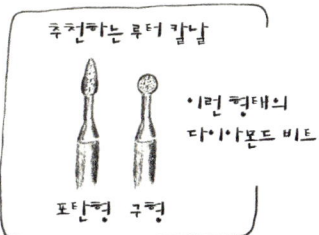

- A 물
- B 테레빈유
- C 플라스틱 헤라 두 개
- D 루터 (끝이 구형이나 포탄형인 다이아몬드 비트를 추천)
- E 펜커터칼 (37쪽)
- F 세필붓
- G 강력분
- H 사포 (400방, 800방)
- I 검은색 옻
- J 생옻

순서

1 가장 먼저 금이 간 부분을 따라 루터로 갈아냅니다. 그릇 표면의 유약은 유리질이므로 옻이 잘 흡수되도록 살짝 거칠게 만듭니다.

2 유리판에 무기우루시(26쪽)와 테레빈유를 준비하고 우스터 소스 정도의 점성이 생기도록 무기우루시를 희석합니다.

3 희석한 무기우루시를 세필붓에 묻혀 금이 간 부분에 스며들도록 함침含浸합니다. 함침은 약제를 주입해 경화시킴으로써, 미세한 틈을 메우는 기술입니다. 금이 간 부분의 안쪽과 바깥쪽 모두 바릅니다.

4 무기우루시를 다 발랐다면 표면에 묻은 여분의 무기우루시는 바로 헝겊이나 휴지로 닦아냅니다. 마스킹 테이프로 고정해 10일 정도 경화시킵니다.

5 중간칠 1회차. 마스킹 테이프를 떼어내고 안쪽과 바깥쪽 모두 세필붓을 사용해 검은색 옻을 올립니다. 선은 얇고 가늘게 그려야 깔끔하게 완성할 수 있습니다. **TIP 1** 옻칠 건조장에서 하루 이상 경화시킵니다.

TIP 1 가늘고 깔끔한 선을 그립시다!

기본적으로 선은 바깥쪽에서 안쪽으로 그린다.

기본적으로 자신이 사용하기 편한 붓으로 얇고 가늘게 그리면서 선을 더해간다. 털이 긴 붓을 사용할 때는 붓 전체에 옻을 묻힌 다음 중력으로 아래로 떨어지는 옻으로 선을 그리면 일정한 두께로 길게 그릴 수 있다.

6 중간칠 연마를 합니다. 400방 사포를 말아 물을 묻혀가면서 사포질합니다. 광택이 60% 정도 사라지면 사포가 닿았다는 증거입니다.

7 중간칠 2회차를 실시합니다. 옻칠 건조장에 하룻밤 이상 옻을 경화시킵니다.

8 800방 사포를 사용해 물 사포질로 선을 정리하면 다음은 마감 단계입니다.

도구

- A 검은색 옻
- B 생옻
- C 물
- D 플라스틱 헤라
- E 면봉
- F 대나무 헤라
- G 세필붓
- H 토분
- I 사포 (400방, 800방)

순서 흠집, 대합 모양, 파임

1 먼저 전처리 단계입니다. 면봉으로 흠집ㅎㄱㄹ 부분에 생옻을 칠하고 닦아냅니다(24쪽). 그다음 사비우루시를 만듭니다(28쪽).

2 손상된 부분을 사비우루시로 적당히 채웁니다.

3 여분의 사비우루시는 대나무 헤라로 떠내듯이 제거합니다. **TIP 1** 손가락으로 살짝 문질러 정리하거나 테레빈유를 적신 헝겊으로 주변을 닦아내도 좋습니다. 형태가 어느 정도 정리되면 하룻밤 경화시킵니다.

> 사비우루시를 제거할 때마다 헤라를 닦으면 깔끔하게 정리할 수 있습니다.

흠집의 종류

흠집(흠)
일부분이 떨어져 나간 상태.

벌레 먹음
유약과 바탕흙과의 수축률이 달라 유약이 벗겨진 상태. 상처로 여기기보다 멋스럽다고 여기고 즐길 수 있는 도자기도 있다.

파임
테두리 등에 원형은 그대로면서 일부가 살짝 떨어져나간 상태.

대합 모양
파임의 일종으로 도자기 조각이 떨어져 나간 모양이 대합 껍데기처럼 동심원으로 층이 진 상태.

2장 킨츠기의 기초

4 사비우루시가 건조되면 400방 사포로 물 사포질을 합니다.

5 중간칠 1회차입니다. 세필붓으로 검은색 옻을 올립니다. 바탕면을 덮듯이 얇고 균등하게 칠한 뒤 온도와 습도를 조절해둔 옻칠 건조장에서 하루 이상 경화시킵니다.

6 중간칠 연마를 합니다. 400방 사포를 봉 형태로 말아 60% 정도 광택을 없앤다고 생각하고 물 사포질을 합니다. 다른 부분에는 상처가 나지 않게, 되도록 옻칠한 부분만 갈아냅니다. 다음 단계는 중간칠 2회차입니다. 1회차와 마찬가지로 얇고 균일하게 칠한 뒤 다시 옻칠 건조장에서 하루 이상 건조합니다.

7 중간칠 연마 2회차입니다. 800방 사포로 물 사포질을 하면 이제 마감 단계입니다. 순서대로 마무리해가면, 흠집이 눈에 띄지 않게 수선되어 아름답게 완성!

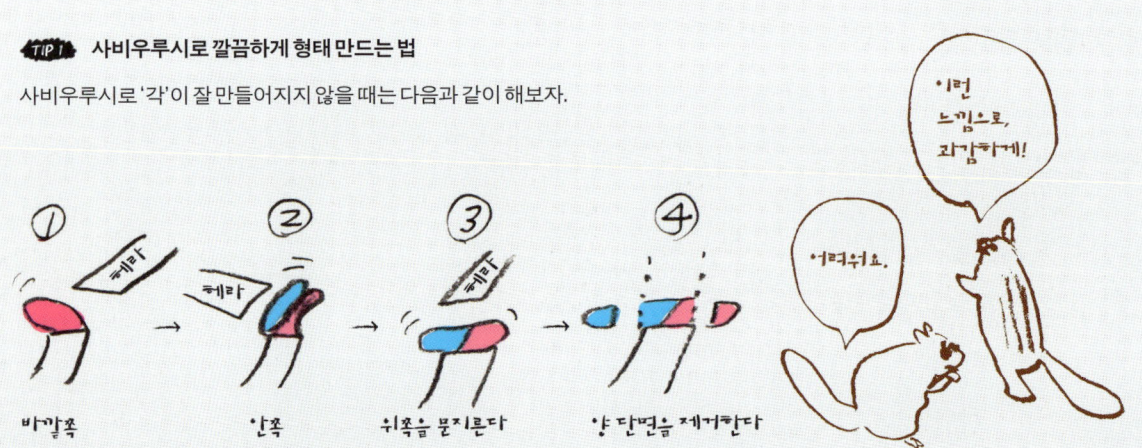

순서 벌레 먹음

1 벌레 먹은 듯한 흠집도 전처리부터 시작합니다. 사진의 그릇은 옻이 스며들기 쉬운 재질이므로 먼저 마스킹 테이프로 주변을 보호한 뒤 생옻을 칠하고 닦아냅니다.

2 흠집이 있는 부분에 사비우루시를 적당량 올려 형태를 만듭니다. **TIP 2**

힘들여 킨츠기로 아름답게 고쳤는데 주변이 더러우면 그쪽에 자꾸 눈이가죠.

3 이후 단계는 52쪽의 **4** - **1** 순서대로 중간칠과 물 사포질을 반복하고, 마감 단계로 옮겨갑니다(54쪽).

완성!

TIP 2 테두리를 깔끔하게 둥글리는 방법

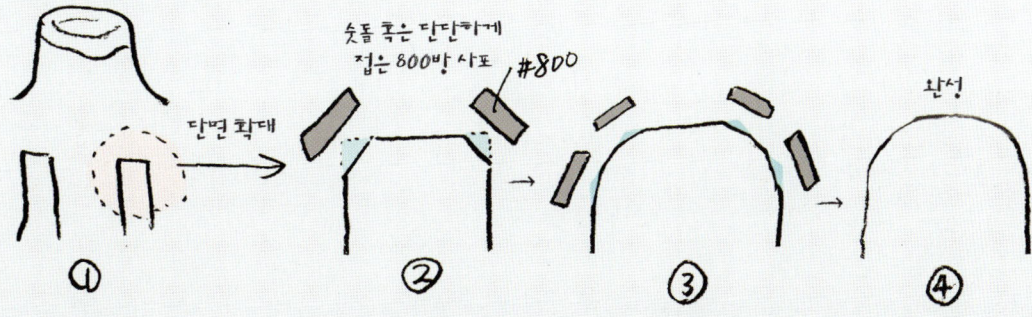

옻으로 수선한 부분에 금속분을 뿌려
완성합니다. 마감에는 '금분金粉' 이외에
'은분銀粉' '스즈[12]분' '신추[13]분' 등도
사용합니다. 재료마다 특징과 광택이
다르므로 그릇에 맞춰 선택하세요.

3장
킨츠기 마감하기

금분 뿌리기

금분으로 장식합니다

도구

- A 사포 (800방)
- B 금분
- C 솜
- D 문진 (도자기 조각, 동전 등)
- E 벵갈라 옻弁柄漆 (정제 옻에 벵갈라[14] 안료를 섞어 붉은빛을 띠는 옻)
- F 플라스틱 헤라 두 개
- G 테레빈유 (또는 편뇌유)
- H 면봉
- I 대나무 헤라
- J 연마봉 (마노봉)
- K 세필붓
- L 분털이붓
- M 생옻
- N 연마분みがき粉 (숫돌 가루)

순서 깨진 그릇

시중에서 구할 수 있는 벵갈라 옻이 너무 되직할 때는 테레빈유를 한 방울 섞어 희석하면 옻칠을 하기 쉽습니다.

1 먼저 마무리칠地塗り을 합니다. 금속분을 뿌리기 위해 수선한 부분에 옻칠을 해두는 과정입니다. 벵갈라 옻을 유리판에 준비한 뒤 비닐 랩의 10분의 1 정도 두께로 그린다고 생각하고, 이음새에 얇고 가늘게 선을 그립니다. 15-30분 정도 옻칠 건조장에서 건조합니다.

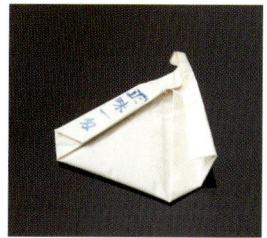 

이 책에서는 미야코노히카리都之光라는 종류의 금분을 사용했어요.

2 금분을 준비합니다. 검은 종이 위에서 작업하면 떨어진 금분이 잘 보입니다. 금분이 담긴 포장지는 작은 돌이나 도자기 조각, 동전 등을 문진으로 사용해 고정합니다.

금분을 솜에 충분히 묻혀요.

3 이제 분 뿌리기 공정입니다. 한 줌 정도 되는 솜에 금분을 넉넉하게 묻힙니다. 동글동글 원을 그리면서 솜털을 만진다는 느낌으로 옻칠한 면에 금분을 묻혀갑니다. 전체적으로 황금색이 올라오면 완성. 습도를 조절해둔 옻칠 건조장에서 하루 이상 건조합니다.

4 금속분이 잘 고정되도록 '분 고정하기粉固め' 공정 **TIP1** 을 진행합니다. 생옻과 테레빈유를 1:1로 희석해 면봉으로 금분 면에 칠합니다. 여분의 옻은 휴지로 살짝 찍어내듯 닦아냅니다. 옻이 휴지에 묻어나지 않을 때까지 완벽하게 닦아낸 뒤 옻칠 건조장에서 하루 이상 건조합니다.

5 마지막 공정은 '광택 내기磨き'입니다. 동글동글 원을 그리듯이 마노봉으로 광택을 냅니다. 어느 정도 광이 나면 완성입니다.

마무리칠을 한 뒤 15-30분 정도 두는 이유

살짝 건조한 상태에서 금분을 뿌리면 가루가 잘 부착되기 때문이다. 바로 금분을 뿌려도 되지만, 경화가 어느 정도 진행된 상태에서 금분을 뿌리면 사용량도 절약할 수 있다.

TIP1 분 고정하기 과정을 하지 않을 때도 있다

발색이 더 좋도록 분 고정하기를 하지 않고 바로 광을 내는 경우도 있다. 내구성에는 큰 차이가 없어 생략하기도 한다.

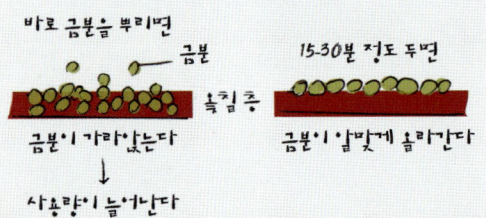

순서 이 나간 그릇

1 깨진 그릇 공정과 마찬가지로 벵갈라 옻으로 마무리칠을 합니다. 넓은 면을 칠할 때는 조금 두꺼운 붓을 사용해도 괜찮습니다. 옻칠 건조장에 15~30분 정도 둡니다.

2 금분과 검은 종이를 준비합니다.

3 솜으로 금을 뿌립니다. 주변에 묻은 금분은 솜에 다시 묻히면 되므로 과감하게 금을 올립니다. 역시 습도를 조절해둔 옻칠 건조장에서 하루 이상 건조합니다.

금분이 깔끔하게 올라가지 않을 때

금분을 뿌린 뒤 조금 시간이 지나 벵갈라 옻의 빨간색이 드러날 때가 있다. 이때는 금분이 벵갈라 옻 아래에 가라앉은 것이므로 제대로 금을 뿌리지 못했다는 증거. 다시 금분을 뿌린다.

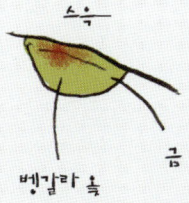

솜이 잘 닿지 않는 부분

솜으로 금분이 잘 닿지 않는 부분은 분털이붓으로 주변을 쓸 듯이 금분을 뿌린다.

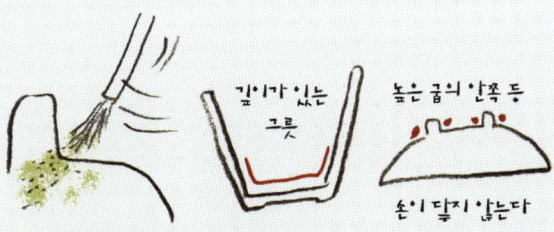

4 테레빈유와 생옻을 1대 1로 희석한 뒤 면봉에 묻혀 분 고정하기를 합니다.

5 휴지의 찍어내는 면을 바꿔가면서 옻이 묻어나지 않을 때까지 완전히 닦아냅니다. 그리고 옻칠 건조장에서 하루 이상 건조합니다.

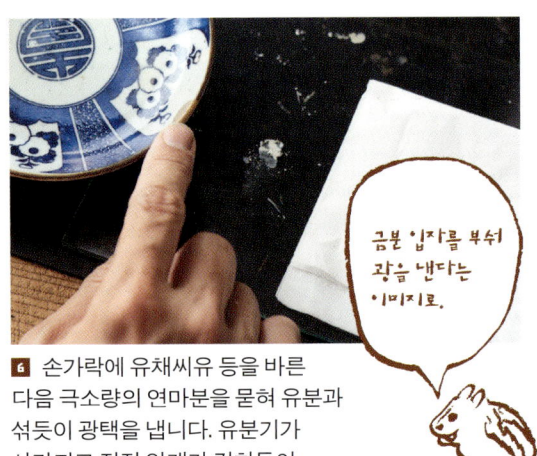

6 손가락에 유채씨유 등을 바른 다음 극소량의 연마분을 묻혀 유분과 섞듯이 광택을 냅니다. 유분기가 사라지고 점점 안개가 걷히듯이 광택이 나면 완성입니다.

연마봉과 연마분, 둘 중에 어느 것이 더 좋을까?

연마봉은 깨진 그릇이나 금이 간 그릇 등을 수선한 얇은 선에 적합하다. 작업 실패가 잘 없는 반면, 시간이 걸린다. 연마분은 이가 나갔거나 흠집이 생긴 그릇 등의 면을 손가락을 사용해 한 번에 광을 낼 수 있다. 시간이 단축되지만, 너무 많이 문지르면 금분이 떨어질 수 있으므로 주의해야 한다.

칼럼 3. 금분의 종류

금분에는 입자에 따라 몇 가지 종류가 있습니다. 킨츠기에 사용하는 것에 정답은 없습니다. 각각 특징이 있으니 그릇에 맞춰 취향대로 사용합니다.

- 게시훈消粉: 금박을 분말로 만든 것. '긴누마金沼'라고 부르기도 한다. 강도가 약하다는 의견도 있다.
- 노베훈延粉: 게시훈에 가깝게 갈아낸 분말로, 비늘 조각처럼 평평하다. '평분平粉' '평극분平極粉'이라고도 한다. 이 책에서 사용한 '미야코노히카리'도 노베훈이다.
- 마루훈丸紛: 금, 은, 동 등을 줄로 갈아 만든 분말이다. 입자가 구슬처럼 둥글며 1-13호까지 있다. 숫자가 커질수록 입자가 굵어진다. 입자가 굵어지기 때문에 1g으로 사용할 수 있는 양이 줄어든다.

게시훈, 노베훈은 같은 1g이어도 양이 많아 보이고 연마 과정이 없기 때문에 얇게 칠하는 방법에 익숙하지 않은 초보자에게 안성맞춤입니다. 경제적인 면이나 숙련도 관점에서 이 책의 작업물은 노베훈을 사용했습니다.

마루훈에는 '분통'이라는 도구를 사용합니다. 대부분 2호분을 뿌리는 방법, 3호분을 뿌리고 1호를 뿌리는 방법, 5호분을 뿌리고 3호를 뿌리는 방법을 씁니다. 입자가 굵어질수록 마감이 두껍고 볼록해집니다.

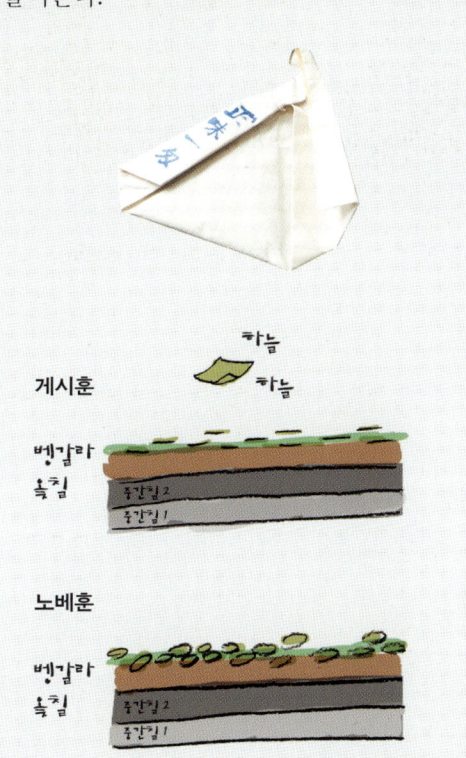

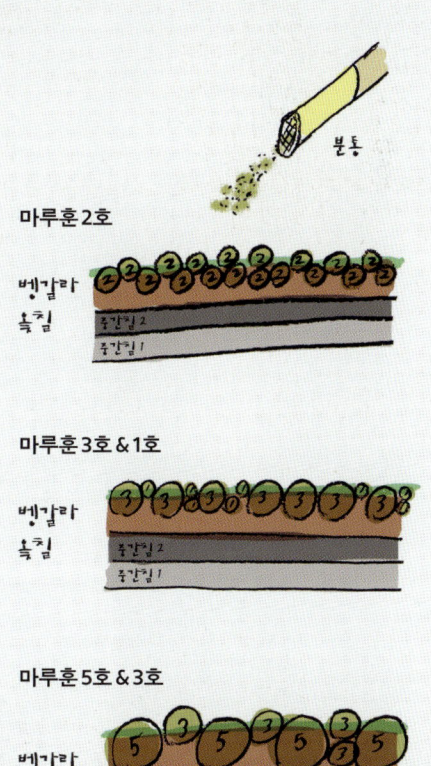

은분·스즈분·신추분 뿌리기

각 재료가 지닌 광택을 즐겨봅시다

도구

- A 사포 (800방)
- B 스즈분
- C 신추분
- D 벵갈라 옻
- E 플라스틱 헤라 두 개
- F 은분
- G 문진 (도자기 조각, 동전 등)
- H 테레빈유 (또는 편뇌유)
- I 면봉
- J 대나무 헤라
- K 마노봉
- L 세필붓
- M 분털이붓
- N 검은색 옻
- O 연마분 (숫돌가루)

순서 은분

1 금분 마감과 마찬가지로 마무리칠부터 시작합니다. 은분은 검은색 옻을 사용합니다. 흰색 옻도 괜찮습니다. 옻을 얇게 올린 뒤 옻칠 건조장에 15-30분 정도 둡니다.

2 은분과 검은색 종이를 준비합니다. 분털이붓에 은분을 묻힌 뒤 붓에 옻이 묻지 않도록 주의하면서 분을 텁니다. *TIP 1* 이후 과정은 금분과 같습니다. 은분 고정하기를 진행하고 광택이 돌 때까지 광을 내면 완성입니다.

TIP 1 **주변에서부터 쓸어 모은다**

마감분은 마무리칠을 한 부분의 주변에서부터 쓸어 모으듯이 선 바깥쪽에서 안쪽으로 뿌립니다.

순서 스즈분

15~30분 건조

1 스즈분은 마무리칠에서도 검은색이나 흰색 옻을 사용하는 게 좋습니다. 사진 속 그릇처럼 안쪽과 바깥쪽 모두 옻을 칠하는 경우, 칠하기 어려운 쪽부터 칠하면 작업한 부분을 무심코 실수로 만져서 얼룩이 생길 위험을 줄일 수 있습니다. 옻을 얇게 올려 옻칠 건조장에 15~30분 정도 둡니다.

2 스즈분과 검은색 종이를 준비합니다. 마무리칠과 마찬가지로 작업하기 어려운 쪽부터 스즈분을 뿌립니다.

3 안쪽과 바깥쪽 모두 스즈분을 뿌린 뒤 금분, 은분과 마찬가지로 분 고정하기를 실시합니다. 광택이 날 때까지 문지르면 완성입니다.

완성!

순서 신추분

1 신추분의 경우 금분처럼 마무리칠로 벵갈라 옻을 올립니다. 옻칠을 얇게 한 뒤 옻칠 건조장에 15~30분 정도 둡니다.

2 신추분과 검은색 종이를 준비합니다. 분털이붓에 신추분을 묻혀 붓 끝에 옻에 닿지 않도록 주의하면서 쓸 듯이 뿌립니다. 분 고정하기 과정을 진행한 뒤 광이 날 때까지 문지르면 완성입니다.

칼럼 4. 금속분에 대해

은 제품   주석 합금 접시

은분, 스즈분, 신추분 등 각각의 금속분은 금분과는 서로 다른 특징과 광택을 지녔습니다. 그릇 디자인과 분위기, 취향, 용도에 맞춰 사용하면 킨츠기를 더 폭넓게 즐길 수 있습니다.

- 은분: 시간이 지나면 검게 변하는데 이는 산화가 아니라 '황화' 현상이다. 유황으로 표면을 그을린 은인 '이부시긴いぶし銀'처럼 멋스럽다.
- 스즈분: 은분 대용으로 사용한다. 스즈분의 원료인 주석은 은보다 싸지만 산화로 부식이 잘 된다고 알려져 있다. 문양 부분을 두껍게 올리는 다카마키에[15]에서 금을 올리기 전 바탕면의 높이를 올리기 위해 사용하기도 한다.
- 신추분: 신추분의 원료인 놋쇠는 동과 아연의 합금으로, 500엔 동전의 재료로도 알려져 있다. 시간이 지나면서 다소 퇴색한다. 10엔짜리 동전처럼 검게 변하지 않도록 아연 비율이 높은 신추분을 사용했다.

'아오이키青息'가 보이면

보통 옻칠을 막 끝낸 상태에서는 옻칠 표면에 입김을 불어도 아무 반응이 일어나지 않습니다. 하지만 15-30분 정도 건조하면 옻칠 표면이 무지개색으로 반응합니다. 이를 '아오이키'라고 합니다. 아오이키 반응은 입김을 분 아주 잠깐 사이에 나타납니다. 아오이키가 보이면 금속분을 뿌려도 괜찮다는 표시입니다.

반대로 입김을 불었을 때 유리창이 뿌옇게 되는 것처럼 변하면 건조가 너무 많이 진행된 상태입니다. 건조가 너무 많이 되면 금분을 아무리 뿌려도 흡착되지 않습니다. 그럴 때는 800방 사포로 물 사포질을 한 뒤 마무리칠을 다시 합니다.

마무리칠을 한 직후

무반응
변화 없음

마무리칠을 하고
15-30분 정도 건조한 뒤

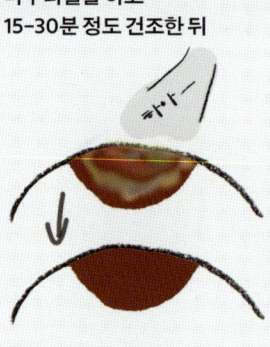

순간적으로 옻칠 표면이 무지개색
혹은 기름처럼 반응 → 마감분을
뿌려도 좋다는 신호

30분 이상 건조한 뒤
(계절에 따라 다르다)

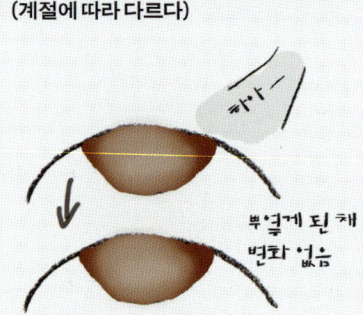

뿌옇게 된 채
변화 없음

건조가 많이 진행된 상태 → 갈아낸
뒤 마무리칠을 다시 한다
(여름철에는 건조가 빠르므로 주의!)

금속분을 뿌리는 시점

옻칠을 하고 바로 금속분을 뿌려도 괜찮지만, 약 15-30분 정도 옻칠 건조장에 넣어 표면을 살짝 건조한 다음에 뿌리면 흡착이 잘 됩니다. 또한 금속분이 옻칠 층에 가라앉지 않기 때문에 절약할 수 있습니다(58쪽).

금속분이 균일하게 올라가지 않았을 때

금속분을 뿌린 후 혹은 광택까지 낸 후에 중간칠인 검은색 옻이 남아 있거나 분이 부족해 깔끔하게 올라가지 않았을 때가 있습니다. 금속분을 뿌릴 곳이 많으면 마감이 깔끔하지 않은 일이 자주 일어납니다. 이럴 때는 며칠 뒤에 부분적으로 수정합니다.

1 금속분이 충분히 올라가지 않은 곳에 벵갈라 옻을 얇게 칠한다.
2 15분 건조한 뒤 같은 종류의 금속분을 올린다.
3 옻칠 건조장에 넣어 건조한다.

이후 광을 내는 과정까지는 동일합니다. 부분 수정은 의외로 많아요. 몇 번이고 다시 보수할 수 있다는 점이 킨츠기의 장점이라고 할 수 있습니다.

도미 이빨과 개 이빨

도미 이빨인 조아鯛牙를 구할 수 있거나 직접 만들 수 있다면, 광택을 낼 때 도미 이빨을 사용합니다. 개 이빨인 견아犬牙를 이용하는 분도 있었다고 해요. 마노 등의 돌보다 그릇에 부담이 적습니다. 이런 재료가 없으면 마노를 사용하세요. 금속세공 재료를 취급하는 가게에서 구입할 수 있습니다.

도미   개

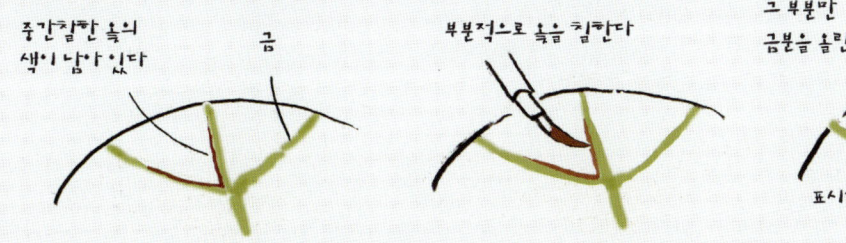

킨츠기는 앞에서 소개한 방법
이외에도 다양한 기법이 있습니다.
그중에는 새로운 도구가 필요하거나
숙련되기까지 시간이 걸리는 경우도
있지요. 조금 더 노력하고 도전하면
킨츠기의 세계가 확장됩니다.

4장

응용 킨츠기

꺾쇠 잇기 수선법

옻과 함께 꺾쇠를 박아 보강합니다

중국 영화 〈집으로 가는 길我的父親母親〉에서 꺾쇠 잇기 장면이 나와요!

도구

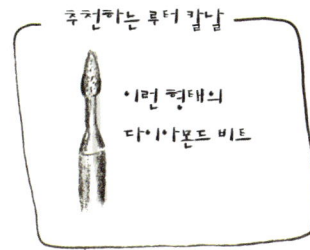

A 루터 (구멍을 뚫어야 하므로 회전수가 많은 제품이 적합)
B 물
C 강력분
D 플라스틱 헤라 두 개
E 생옻
F 은 철사 (0.8-1mm)
G 작은 망치
H 플라이어[16]
I 니퍼[17]

순서

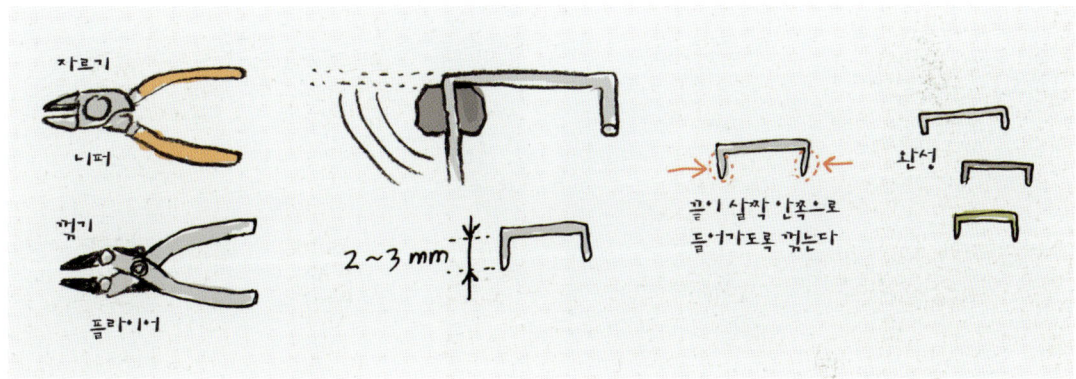

1 먼저 꺾쇠 잇기かすがい継ぎ에 쓸 꺾쇠 만들기부터 시작합니다. 플라이어와 니퍼를 사용해 은 철사(0.8mm)의 모양을 스테이플러 심처럼 만듭니다.

2 깨진 그릇을 34-39쪽처럼 붙인 다음, 꺾쇠를 끼울 구멍을 만듭니다. 취향에 따라 꺾쇠를 끼우고 싶은 부분에 **1**에서 만든 은 꺾쇠를 대고 유성 펜으로 구멍 위치를 표시해두면 알기 쉽습니다.

이 그릇의 경우는 어디까지나 보강의 역할이에요.

3 루터로 구멍을 뚫습니다. 관통하지 않도록 주의하면서 2-3mm 정도 깊이까지 팝니다. 깊이를 확인하면서 진행하세요. *TIP 1*

4 구멍에 무기우루시(26쪽)를 채웁니다.

5 꺾쇠를 망치로 두드려 끼웁니다. 그릇 안쪽에 나무판이나 받침대 등을 대면 쉽게 끼울 수 있습니다. *TIP 2*

TIP 1 구멍 깊이는 세심하게 확인하자!

루터보다 얇은 봉을 넣어가면서 깊이를 자주 확인하도록 한다. 너무 깊으면 관통할 우려가 있고 너무 얕으면 꺾쇠가 들어가지 않아 고정되지 않는다.

TIP 2 꺾쇠를 고정하기 위해서는

꺾쇠가 뭉개지면서 깨진 그릇를 잡아 고정하고 보강해준다고 생각하면 된다. 너무 세게 두드리면 그릇이 깨질 수 있으므로 주의하자.

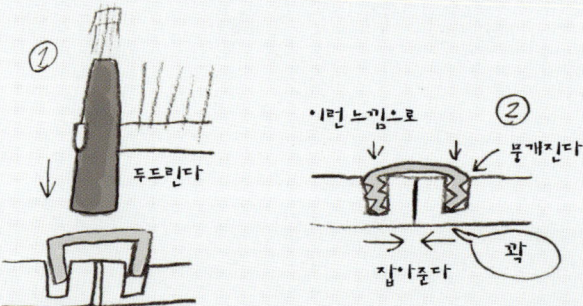

6 제대로 들어가 고정된 것을 확인한 뒤 옻칠 건조장에서 일주일 정도 경화시킵니다.

7 옻이 건조되면 남은 무기우루시를 사포나 칼로 제거하고 정리합니다. 그리고 좋아하는 색깔의 옻으로 칠해 마감합니다. 이번에는 하얀 그릇에 은색 꺽쇠가 돋보이도록 검은색 옻을 사용했습니다. 다시 옻칠 건조장에서 하룻밤 이상 건조합니다.

꺽쇠 잇기란?

'꺽쇠鎹'는 석재나 목재를 잇기 위해 사용하는 ㄷ자 모양의 철물을 말한다. 꺽쇠 잇기는 도자기의 세계에서 에도 시대부터 쇼와 시대[18] 초기까지 이용해온 기술이다. 이 기술을 사용한 기물로는 도쿄국립박물관이 소장한 중요문화재 '바코한'[19]이 유명하다.

요비츠기 수선법

서로 다른 그릇 조각끼리 연결합니다

패치워크 같네요.

도구

- A 물
- B 토분
- C 플라스틱 헤라 두 개
- D 대나무 헤라
- E 펜커터칼 (37쪽)
- F 세필붓
- G 마스킹 테이프
- H 옥집게 (방울집게)
- I 사포 (400방, 800방)
- J 검은색 옻
- K 생옻

서로 다른 그릇이 하나가 되는 과정을 자유롭게 즐겨요.

순서

1 먼저 요비츠기呼び継ぎ 수선법에 사용할 조각을 준비합니다. 직경, 두께, 휜 정도가 맞는 조각을 구해 깨진 부분에 맞춰 표시합니다.

2 조각이 깨진 부분의 형태와 일치하도록 성형합니다. 전동 커터나 그라인더 같은 공구도 있지만, 스테인드글라스용 '옥집게'라는 도구가 편리합니다. 표시에 맞춰 남는 부분을 잘게 으깨듯이 잘라냅니다.

3 루터나 사포 등으로 미세하게 조정합니다. 작업 중간에 깨진 부분에 대보며 형태를 확인합니다.

4 무기우루시(26쪽)를 바른 뒤 조각을 붙입니다. 이 단계에서 틈이나 단차가 생겨도 나중에 메우면 되므로 괜찮습니다.

5 마스킹 테이프로 고정한 뒤 옻칠 건조장에서 일주일 이상 경화시킵니다.

6 옻이 마르면 튀어나온 여분의 무기우루시를 펜커터칼이나 물 사포질로 제거한 뒤 면을 정리합니다.

요비츠기란?

서로 다른 그릇을 조합해 잇는 요비츠기. 딱 맞는 조각은 좀처럼 찾기 어렵다. 인내심을 가지고 찾거나 적당한 파편이 나타나길 기도하며 안테나를 세우고 느긋하게 기다리도록 하자.

도모츠기共継ぎ란?

요비츠기처럼 서로 다른 그릇 조각을 사용하는 '도모츠기'라는 기법도 있다. 요비츠기와 다른 점은 본체가 되는 그릇의 질감, 색조와 되도록 비슷하게 마감한다는 것이다. 본래는 같은 가마터에서 출토한 도자기 조각끼리 잇는 것을 말한다.

완벽하게 딱 맞는 그릇은 없으므로 조금 단차가 생겨도 실패했다고 생각하지 말고 느긋하고 자유롭게 요비츠기를 즐기세요.

7 조각으로 메워지지 않은 작은 틈새는 사비우루시(28쪽)나 고쿠소우루시(41쪽)로 메웁니다. 잘 메웠다면 다시 옻칠 건조장에서 일주일 정도 경화시킵니다.

8 옻이 건조되면 800방 사포로 물 사포질해 면을 정리합니다. 검은색 옻으로 중간칠을 하고 하룻밤 둡니다. 여기에서 옻칠 마감으로 끝내도 좋고 금속분으로 마감(56쪽)해도 좋습니다.

유리 킨츠기 수선법

유리 킨츠기는 조금 특별하게 금박을 사용합니다

도구

- A 물
- B 플라스틱 헤라
- C 생옻
- D 잇카케 옻 いっかけ漆
  (금박 접착용 옻)
- E 면봉
- F 대나무 헤라
- G 금박 집게
- H 강력분
- I 금박
- J 칼 (칼판도 있으면 좋다.)
- J 자
- K 마스킹 테이프
- L 솜

순서

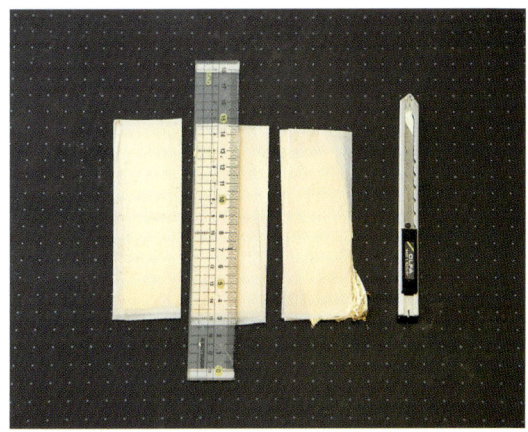

1 먼저 깨진 단면 폭에 맞춰 금박을 가늘고 길게, 자를 대고 자릅니다.

2 유리판에 금박 접착용 옻을 덜어 깨진 단면에 면봉을 사용해 얇게 바릅니다.

유리 수선은 금박을 단면에 붙여요.

3 잘라 놓은 금박을 금박 집게로 집어 조심스럽게 단면에 올립니다. 솜을 사용해 누르듯 붙인 뒤 옻칠 건조장에 일주일 정도 둡니다.

4 일주일 뒤 금박이 마르면 그릇을 본래 형태로 모아놓고 마스킹 테이프를 준비합니다.

5 작은 조각부터 붙여갑니다. 접착에는 무기우루시(26쪽)를 사용합니다.

6 복잡하게 깨진 그릇이라면 사진처럼 작은 조각들끼리 먼저 붙인 다음 중간 크기의 조각끼리 붙입니다. 조각을 붙일 때마다 마스킹 테이프로 고정합니다.

7 마지막에는 큰 조각끼리 붙입니다.

8 마스킹 테이프로 전체를 감아 고정한 뒤 일주일 정도 옻칠 건조장에서 경화시킵니다.

9 옻이 마르면 건조 상태를 확인한 뒤 틈새 등 부족한 부분을 사비우루시로 채웁니다. 중간칠과 연마 과정을 몇 차례 진행한 다음 여분의 옻은 펜커터칼 등으로 제거하고 원하는 금속분이나 옻으로 마감해 완성합니다. 사진 속 그릇도 금분으로 마감했습니다. 단면으로 보이는 금박이 신기해요.

유리는 왜 방법이 다른가요?

유리의 특징은 투명하다는 것이다. 만약 유리를 일반 킨츠기로 작업한다면 안쪽의 검은 바탕면이 보이게 되므로 아름답지 않다. 다른 위치에서 옻이 보이지 않도록 금박을 샌드위치처럼 끼운다.

어렵다고 느꼈다면

유리 수선은 킨츠기 상급자에게 적당하므로, 어렵게 느꼈다면 접착제로 붙여도 좋다. 접착제로 붙일 때는 공구점 등에서 살 수 있는 2액 혼합형 에폭시 접착제를 사용한다. 경화 시간이 긴 제품이 내구성이 좋다고 알려져 있다.

보강

킨츠기 수선만으로 불안할 때는 일본 전통 종이인 와시를 감아 보강했습니다

도구

- A 물
- B 플라스틱 헤라 두 개
- C 면봉
- D 생옻
- E 대나무 헤라
- F 펜커터칼 (37쪽)
- G 세필붓
- H 강력분
- I 마스킹 테이프
- J 루터
- K 사포 (400방, 800방)
- L 받침대 (아이스크림 막대기, 머들러, 연필 등도 가능)
- M 와시和紙 (미스가미[20])

순서 사기 숟가락

> 조금 단차가 생겨도 그 자체가 멋이에요.

1 먼저 전처리(24쪽) 단계를 진행합니다. 루터로 깨진 단면을 갈고 생옻을 발라 건조한 다음 무기우루시(26쪽)로 깨진 부분을 붙입니다. 사기 숟가락의 경우, 젓가락이나 머들러 같은 받침대를 대고 마스킹 테이프로 고정해 보강합니다. 옻칠 건조장에서 일주일 정도 경화시킵니다.

2 다 건조되면 남은 무기우루시를 펜커터칼이나 사포로 제거해 정리합니다.

3 보강을 위해 와시를 준비합니다. 가늘게 접은 뒤 접힌 부분에 붓으로 물을 묻혀 적신 다음 끈 형태로 찢습니다.

> 와시는 물을 묻혀 불린 뒤 찢으면 이음새가 날카롭지 않게 처리됩니다. 이런 절단 방법을 구이사키くい さき라고 합니다.

4 유리판에 얇게 편 무기우루시 위에 와시를 깔고 헤라로 무기우루시를 흡수시킵니다.

와시 끝부분은 깨진 부분에 감을 때 손으로 잡을 수 있도록, 무기우루시를 묻히지 마세요!

5 대나무 헤라로 와시 끝부분을 살짝 들어 사기 숟가락의 깨진 부분에 붙입니다.

6 무기우루시가 묻지 않은 부분을 잡고 붕대를 감듯이 감습니다.

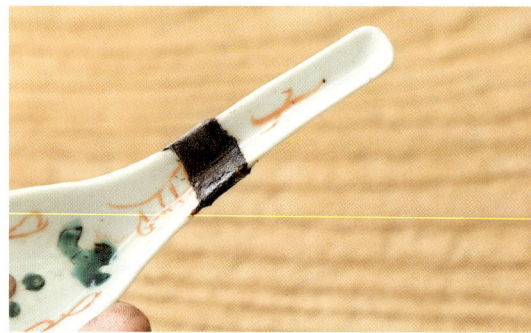

7일 건조

7 다 감은 뒤 무기우루시를 묻히지 않은 끝부분에도 옻이 스며들도록 손가락이나 대나무 헤라로 정리합니다. 옻칠 건조장에 일주일 정도 둡니다.

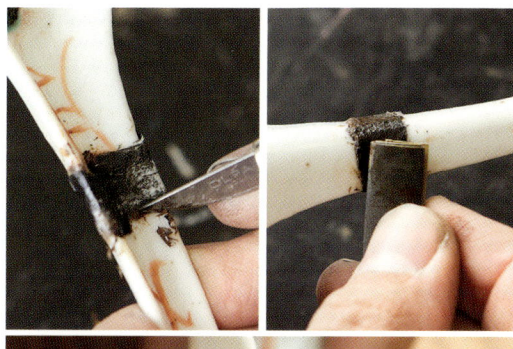

8 다 마르면 와시 테두리 등에 남은 무기우루시를 펜커터칼로 제거해 정리합니다. 사포로 물 사포질을 하고 중간칠을 몇 차례 반복합니다. 와시의 질감을 살려도 좋고 사비우루시로 채워도 됩니다.

9 금분 등으로 마감하면(56쪽) 완성입니다. 깨진 조각을 이은 부분이 두꺼워졌지만, 이제 안심하고 사용할 수 있습니다.

무기우루시와 노리우루시のり漆

무기우루시는 점성이 강해 와시를 붙이는 작업에는 적합하지 않다. 하지만 생옻과 조신코풀上新粉のり(쌀가루인 조신코와 물을 1:4 비율로 섞어 냄비에 끓인 것)을 1:1로 섞은 '노리우루시'는 무기우루시보다 점성은 약해도 와시에는 적합해 하루 만에 건조된다. 취향에 따라 선택하자.

	무기우루시	노리우루시
건조 시간	건조에 7-10일 걸린다	하루 만에 건조된다
점성	있다 (도기 접착에 적합)	거의 없다(천이나 와시 접착에 적합)
내구성, 접착력	◎	○

* 이와 같은 이유에서 이 책에서는 접착에 무기우루시를 사용했습니다.

순서 컵

7일 건조

손잡이 수선은 킨츠기 의뢰로도 많이 들어와요.

1 컵 수선도 사기 숟가락과 마찬가지로 전처리를 실시한 뒤 무기우루시로 붙인 다음 마스킹 테이프로 고정합니다. 사진처럼 컵 본체에 맞춰 마스킹 테이프를 감습니다. 옻칠 건조장에서 일주일 정도 경화시킵니다.

2 건조되면 여분의 무기우루시를 펜커터칼로 제거합니다.

3 유리판에 무기우루시를 얇게 깔고 세 군데를 보강하기 위한 와시를 준비해 무기우루시를 흡수시킵니다. 끝에서부터 살짝 들어 올립니다.

4 깨진 부분이 중심에 오도록 한 뒤 붕대를 감듯이 돌돌 감습니다. 다시 옻칠 건조장에서 일주일 정도 경화시킵니다.

6 좋아하는 금속분으로 마감하면(56쪽) 완성입니다. 이번에는 은분으로 했어요.

5 펜커터칼로 여분의 무기우루시를 제거한 뒤 물 사포질을 합니다. 검은색 옻으로 중간칠을 몇 차례 진행하고 표면을 정리합니다.

야키츠기 수선법

규산연(납유리 가루)의 일종인 '시라타마코'로 붙입니다

도구

- A 플라스틱 헤라 두 개
- B 철사
- C 강력분
- D 마스킹 테이프
- E 플럭스flux (시라타마코白玉粉의 한 종류. 납 성분 때문에 불안하다면, 저융합유리인 무연프릿을 사용하세요.)

순서

1 야키츠기焼き継ぎ 수선법을 위해, 우선 물로 반죽한 밀가루와 플럭스를 1:1로 잘 섞습니다. 그리고 대나무 헤라로 깨진 면에 발라 접착합니다.

 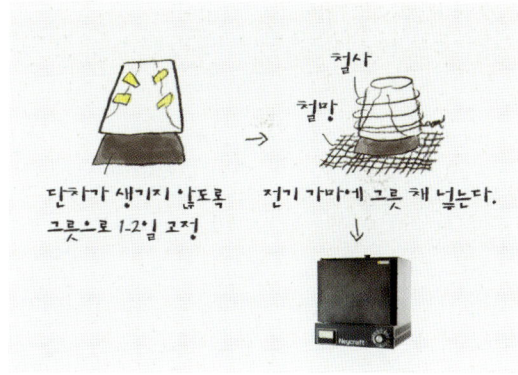

2 마스킹 테이프로 고정한 뒤 1-2일 건조합니다. 건조되면 테이프를 떼어내고 이번에는 철사로 돌돌 말아 고정합니다.

3 600℃로 설정한 전기 가마에 두 시간 정도 넣어 굽습니다.

4 가마 온도를 확인한 뒤 충분히 식힌 다음 꺼냅니다. 플럭스가 녹아 유약으로 접착한 듯한 마감이 되면 완성입니다.

4장 응용 킨츠기

칼럼 5. 킨츠기로 수선한 그릇 사용법

킨츠기로 수선한 그릇도 일반 그릇처럼 사용해도 됩니다. 하지만 한 번 상처를 입은 그릇이라는 사실을 꼭 명심하세요. 소중히 다루면 오랫동안 사용할 수 있습니다.

킨츠기 수선한 부분에 손상이 생기지 않는 방법

- 물에 장시간 담가두는 설거지 방식은 피한다.
- 싱크대나 가스레인지에 사용하는 클렌저처럼 거친 연마제가 들어간 세제나 철 수세미는 피하고, 가정용 중성세제로 부드럽게 씻는다.
- 전자레인지, 식기세척기는 피한다. 옻은 나무의 수액이므로 안의 옻 성분이 타서 둔화하면 접착력이 떨어져 박리의 원인이 된다.
- 냄비 등 불에 직접 닿는 그릇은 피한다.
- 습도가 낮아 극도로 건조한 공간은 피한다. 냉장고 안도 기본적으로 건조하니 피한다.
- 표백제 사용은 의외로 괜찮다. 직접 사용해보니 킨츠기 부분이 오히려 깨끗해지는 것 같았다.

수선한 그릇을 오랫동안 즐기려면

옻은 산, 알칼리, 염분, 알코올 등에 내산성, 방수성, 방부성이 있는 훌륭한 천연 고분자 도료입니다. 몇 가지 주의사항만 지키면 시간과 정성을 들여 수선한 그릇을 오랫동안 사용할 수 있습니다.

그릇에 갖는 애정과 비례해요.

킨츠기 재료 전문 매장 목록

옻

평화자개
04709
서울특별시 성동구 무학로2길 30-1
📞 +82 2-2294-2724
📠 +82 2-2294-2725
🌐 http://phshell.com

우신자개공예
04575
서울특별시 중구 난계로11길 9
📞 +82 2-2233-2996
📠 +82 2-2252-6824
🌐 http://wsjg.co.kr

옻칠스토어
17067
경기도 용인시 기흥구 상갈로45번길 25 2층 2호
📞 +82 31-284-5709
📠 +82 31-284-5709
🌐 www.57korea.com

구채옻칠
34025
대전광역시 유성구 테크노2로 187
미건테크노월드 2차 187
📞 +82 42-824-0985
📠 +82 42-824-0986
🌐 guchae.com

㈜하리요싯코 播与漆行
킨츠기 교실 운영, 킨츠기 세트 판매
110-0016
도쿄도 다이토구 다이토 2-7-12 프레르듀크 1층
📞 +81 3-3834-1521
📠 +81 3-3834-1523
🌐 http://urushi.co.jp

㈲와타나베쇼텐 渡邊商店
110-0005
도쿄도 다이토구 우에노 6-5-8
📞 +81 3-3831-3706
📠 +81 3-3831-3500
🌐 http://www.urushi-watanabe.net

㈜후지이옻공예 藤井漆工芸
120-0015
도쿄도 아다치구 아다치 1-29-18
📞 +81 3-3848-2141
📠 +81 3-3889-3227
🌐 http://j-fujii.com

㈜스기모토쇼텐 杉本商店
킨츠기 교실 운영
101-0047
도쿄도 지요다구 우치칸다 3-18-4
제1스기모토빌딩
📞 +81 3-3252-8031
📠 +81 3-3252-8031
🌐 http://www.asahi-net.or.jp/~ad4m-sgmt/shop/shop.htm

가마쿠라보리회관 鎌倉彫会館
킨츠기 교실 운영
248-0006
가나가와현 가마쿠라시 고마치 2-15-13
📞 +81 467-25-1500
📠 +81 467-25-1501
🌐 kamakuraborikaikan.jp

㈜미노와싯코 箕輪漆行
온라인 쇼핑몰 운영
915-0219
후쿠이현 에치젠시 기타사카시타초 5-7
📞 +81 778-43-0055
📠 +81 778-43-0010
🌐 www.urushiya.jp
웹사이트에서 해외 배송 주문 가능

㈲쓰지타우루시텐 辻田漆店
915-0261
후쿠이현 에치젠시 구다시초 22-24
📞 +81 778-42-1034
📠 +81 778-42-0030
🌐 http://www.tujita.co.jp

㈲노사쿠우루시텐 能作うるし店
920-0962
이시카와현 가나자와시 히로사카 1-1-60
📞 +81 76-225-7345
📠 +81 76-262-8122
🌐 www.nosaku.org

아이자와우루시텐 四十沢漆店
928-0073
이시카와현 와지마시 후게시마치 가미마치 75
📞 +81 768-22-0511
🌐 wajimanuri.or.jp/wajima_meguri/1.html

하시큐쇼텐 橋久商店
928-0073
이시카와현 와지마시 후게시마치 가미마치 88
📞 +81 768-22-0780
🌐 wajimanuri.or.jp/wajima_meguri/43.html

㈜사토키요마쓰쇼텐 佐藤喜代松商店
킨츠기 교실 운영
603-8357
교토부 교토시 기타구 히라노미야 니시초 105
📞 +81 75-461-9120
📠 +81 75-462-2173
🌐 urusi.co.jp

㈜시카타키조우루시텐 鹿造喜漆店
킨츠기 교실 운영
600-8042
교토부 교토시 시모교구 후야초도오리 부쓰코지아가루 다와라야초290
📞 +81 75-351-7106
📠 +81 75-351-3166
🌐 www.shikataurushi.com
웹사이트에서 해외 배송 주문 가능

㈜가토코헤이쇼텐 加藤小兵衛商店
킨츠기 교실 운영
600-8063
교토부 교토시 시모교구 마쓰바라오리 도미노고지니시이루 마쓰바라나카노초 478
📞 +81 75-351-1932
📠 +81 75-351-7966
🌐 http://kato-kohei.com

㈜쓰쓰미아사키치우루시텐 堤淺吉漆店
600-8098
교토부 교토시 시모교구 아이노마치도오리 마쓰하라노보루 이나리초 40
📞 +81 75-351-6279
📠 +81 75-351-6270
🌐 www.kourin-urushi.com

금속분·금박

동양금박
03144
서울특별시 종로구 우정국로 53
📞 +82 2-735-1600
🖨 +82 2-735-1038
🌐 http://www.dongyanggold.com

한일금박
03162
서울특별시 종로구 인사동5길 29 5층 503호
📞 +82 2-733-8788
🖨 +82 2-738-9481
🌐 hanilgoldleaf.com

㈜요시이쇼텐吉井商店
<u>금분, 은분</u>
920-0902
이시카와현 가나자와시 오와리초 1-10-30
📞 +81 76-221-1678
🖨 +81 76-221-2179
🌐 http://www.yoshii-kanazawa.co.jp

㈜아사노쇼텐浅野商店
<u>금분, 은분</u>
104-0061
도쿄도 주오구 긴자 8-8-5 다이요빌딩 10층
📞 +81 3-3573-2001
🖨 +81 3-3573-2002
🌐 www.goldsilver.co.jp

㈜하쿠자箔座
<u>금박, 신추분</u>
코레도니혼바시 지점도 운영
920-0843
이시카와현 가나자와시 모리야마 1-30-4
📞 +81 76-251-8941
🖨 +81 76-252-7765
🌐 www.hakuza.co.jp

기타

도큐핸즈東急ハンズ
<u>신추분, 스즈분, 마노봉 등 판매</u>

조이풀2ジョイフル2

비바홈ビバホーム

위와 같은 매장의 목공, 도료 코너에서도 취급한다.

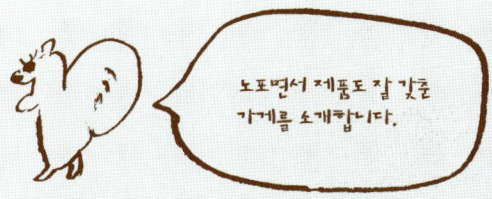

Q&A

킨츠기는 초기 비용이 어느 정도 드나요?
금분을 사용하지 않는 수선이라면 4,000-5,000엔 정도에 시작할 수 있습니다. 금분은 1g에 9,000엔 정도(2018년 시점)입니다. 신추분을 사용하면 저예산으로도 시작할 수 있습니다.

아름다운 킨츠기란?
아무래도 선을 가늘게 마감한 킨츠기가 아름다워 보입니다. 하지만 옻에는 보강의 의미도 있으므로 선이 얇으면 얇을수록 좋다고 단정할 수 없습니다. 경험이 쌓이면 '이상한가?' '수선 부위가 너무 눈에 띄나?' '이가 나간 부분이 너무 볼록하지는 않나?' 등 알게 되므로 그릇에 잘 어울리는 방식을 찾아가면 됩니다.

킨츠기 전용 도구나 재료는 시중에서 구할 수 있나요? 어떤 것이 좋을까요?
옻은 92-93쪽에 소개한 전문점이나 홈센터ホームセンター[22]의 목공·도료 코너에서 살 수 있습니다. 참고로 '신우루시新うるし'라는 튜브형 제품은 초보자도 쉽게 사용할 수 있지만, 천연 옻은 아니고 합성도료입니다. 붓은 몸체가 빨간 석판용 마키에 붓赤軸石版筆이나 미술용품점에서 살 수 있는 얇은 0호 붓, 작은 글씨를 쓸 수 있는 면상필도 괜찮습니다. 300엔 이상 하는 붓은 내구성이 있으므로 추천합니다.

킨츠기(옻)에 적합하지 않은 소재, 적합한 소재가 있나요?
흙으로 만드는 도기가 가장 적합합니다. 토기나 초벌구이 그릇으로 유약을 바르지 않은 도기는 옻이 스며들기 때문에 다루기 어렵습니다. 유리는 기본적으로 옻과의 궁합이 좋지 않으므로 중급자에게 추천합니다.

옻에도 사용 기간이 있나요?
기본적으로 미개봉 상태에서 1년입니다. 여름을 넘기면 건조 성능이 떨어지기 때문입니다. 단, 신선한 옻을 섞으면 건조 성능이 향상되며, 냉장 보관으로 건조 성능 저하를 막을 수 있습니다. 건조되지 않는 옻은 없다고 배웠습니다. 어떤 방법을 사용하든 시간이 지나면 옻은 건조되므로 조급해하지 말고 편하게 즐기세요.

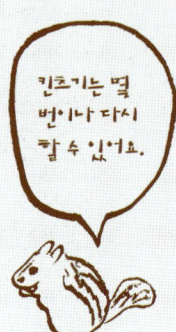
킨츠기는 몇 번이나 다시 할 수 있어요.

합성수지 접착제와 옻의 차이점은 무엇인가요?
최근에는 접착제와 합성도료를 사용하는 간이킨츠기簡易金継ぎ를 하는 분도 늘었습니다.
1 합성수지 퍼티나 접착제로 접착하고 마감도 금 도료로 하는 방법
2 마감에만 옻을 사용하는 방법

등이 있습니다. 두 방법 다 작업이 빠르고 옻 알레르기의 염려가 없기에 좋은 방법이라고 생각합니다. 1번 방법은 하루면 완성할 수 있지만 식품위생법을 통과하지 않은 재료도 있으므로 식기에는 적합하지 않습니다. 2번 방법은 킨츠기 방식 가운데 가장 튼튼한 방법일 것 같습니다. 단 사용하다 보면 표면의 옻 부분이 벗겨질 수도 있습니다.

접착제는 '너무 단단하게 붙어 재작업이 어렵다' '투명해서 다루기 어렵다' 같은 단점도 있습니다. 또한 합성도료는 쉽게 말해 페인트 같은 것이므로 '페인트에 입을 대도 될까? 내 철학에 맞는

가? 내 기분은 또 어떤가?'라며 의문을 가질 수도 있겠지요.

한편 옻에도 '옻 알레르기' '건조에 시간이 걸림' '유리와 궁합이 좋지 않다' 같은 단점이 있습니다. 유리나 장식품에는 접착제를 사용해도 좋을지 모르지만 '아이에게 안전한가?' '소중한 그릇에 접착제를 사용해도 될까?' 등 각각이 지닌 장단점을 고려해 선택하면 됩니다. 만약 접착제를 사용한다면, 순간접착제보다 81쪽에 소개한 2액 혼합형 에폭시 접착제 계열을 사용하세요.

그릇 이외에 킨츠기를 활용할 수 있는 곳이 있나요?

기본적으로 킨츠기는 그릇 수선 기술이지만, 젓가락 받침, 액세서리, 장식품 등 취향에 맞춰 즐기시면 됩니다.

옻이 너무 말라 딱딱해져 갈아낼 수 없거나 떼어내지 못하는 경우 어떻게 하면 될까요?

일반적으로 고쿠소우루시는 일주일에서 열흘, 사비우루시는 하루 정도 지난 후에 갈아내거나 제거합니다. 시간이 많이 지나면 딱딱해져 작업하기 힘듭니다. 너무 오래 두지 않도록 주의하세요. 너무 딱딱해졌다면 다른 칼날을 사용해보는 것도 방법입니다.

접착제로 붙인 그릇을 떼어내서 다시 하고 싶은데 어떻게 하면 좋을까요?

접착제는 대부분 열에 약하므로 냄비에 넣어 1-2시간 정도 끓이면 떨어지기도 합니다. 떨어지지 않는다면 단단하게 잘 붙었다는 뜻입니다. 무리해서 떼어내면 다른 부분까지 깨질 수 있습니다. 접착은 그대로 두고 마감만 다시 해보세요.

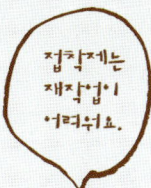

접착제는 재작업이 어려워요.

옻에 이물질이 들어갔어요.

미요시노가미美吉野紙 같은 옻 여과지로 이물질을 여과한 뒤 칠해주세요. 옻은 몇 번이나 여과해 사용할 수 있습니다.

옻을 얇게 바르기가 어렵습니다.

유리판 위에 덜어낸 옻이 건조되어 너무 되직해 얇게 칠하기 어려울 때는 식물성 용제인 테레빈유나 장뇌유를 조금 넣어 희석하면 칠하기 쉽습니다. 희석할 때는 반 방울 정도만 넣으세요. 너무 많이 희석되면 옻 도막이 약해집니다.

마감에 금분이 아니라 금박을 사용해도 되나요?

금박을 붙이는 경우도 있지만, 금분만큼 두껍게 올라가지 않습니다. 금박은 벽면에 사용하거나 장식용으로 쓰이기 때문에 수선에는 적합하지 않으며 금방 떨어집니다.

금속분 이외에 마감하는 방법이 있나요?

검은색 옻, 흰색 옻, 벵갈라 옻, 빨간색 옻, 짙은 갈색 옻 등 마감이 있습니다. 마지막 중간칠을 원하는 옻칠 색으로 했다면 그대로 끝내도 됩니다. 검은색은 여색呂色 옻, 짙은 갈색 옻은 빨간색과 검은색을 섞어서 만듭니다. 색 견본 등을 사용해 미리 칠해보고 조절해 사용하세요.

붓을 에나멜 리무버나 시너 등으로 씻으라고 배웠습니다.

붓의 수명이 짧아지므로 이 방법은 추천하지 않습니다. 붓을 위해서도, 내 몸을 위해서도 유채씨유 같은 식물성유만 사용해도 충분합니다. 옻은 굳는 성질이 강하므로 마지막에 붓에 기름을 듬뿍 묻혀둡니다. 작업하기 전에 시너나 강한 용제를 사용해 붓의 유분을 없애는 사람도 있는데, 잘 닦기만 해도 됩니다.

역주

1 蒔絵. 칠기 표면에 금, 은가루를 사용해 무늬를 넣는 일본 특유의 공예 방식이다.

2 江戸時代. 1603년에서 1867년까지의 265년 동안 지금의 도쿄인 에도가 정치의 중심이었던 시대로 봉건 사회 체제가 확립되었으며 쇼군將軍이 권력을 장악하고 전국을 통일해 지배했다.

3 伊万里. 에도 시대 초기부터 사가현 아리타초에서 생산한 도기를 말한다. 주로 아리타야키有田焼라고 하며 이마리항伊万里港에서 배에 실어 보냈기에 이런 이름이 되었다. 17세기 이후에는 유럽에도 수출되었다.

4 染付け. 도자기 장식 기법, 혹은 그 기법으로 만든 도자기를 말한다. 하얀 바탕에 광물질 안료로 밑그림을 그리고 그 위에 투명 유약을 발라 소성하면 청색이나 청보라색으로 발색한다.

5 Baccarat. 프랑스의 고급 크리스털 글라스 제품 제조회사.

6 Cul Noir. 18세기에서 19세기 후반에 걸쳐 프랑스에서 제작한 그릇으로 안쪽은 하얀색, 바깥쪽은 검정색 유약으로 굽기 때문에 '검은 엉덩이'라고 불린다.

7 1616년부터 1912년까지 이어진 중국의 마지막 왕조다.

8 縄文時代. 일본 역사에서 새끼줄 문양이 들어간 조몬 토기를 사용했던 시기를 구분해 가리키는 용어로, 대략 기원전 14,000-13,000년부터 기원전 1,000-300년까지다. 중석기시대와 신석기시대에 해당한다.

9 laccase. 폴리페놀 산화효소, p-디페놀산화효소라고도 한다. 옻나무의 수액 속에서 옻을 산화시키고 경화하는 효소로 발견되었다.

10 펜이나 볼펜처럼 둥근 몸체가 있고 칼날을 교체할 수 있는 칼.

11 모시, 저마 등으로도 불리며 쐐기풀과에 속하는 여러해살이풀이다. 줄기의 껍질에서 섬유를 뽑아 여름 옷감, 선박의 밧줄, 어망 따위를 만든다. 열대 아시아가 원산지로 한국, 일본, 중국 등지에 분포한다.

12 錫すず. 주석. 은 대용으로 사용하기에 가은假銀이라고도 부른다.

13 真鍮. 놋쇠, 유기.

14 Bengala. 황토를 구워 만든, 산화철을 주성분으로 한 붉은 안료의 옛 용어로 원어는 네덜란드어다. 국내 옻 장인은 검은 옻을 흑칠, 붉은 옻을 주칠로 부른다.

15 高蒔絵. 가마쿠라 시대鎌倉時代 중기에 시작된 기법으로 문양 부분을 두껍게 올려 금으로 장식하는 것을 말한다.

16 pliers. 일반적으로 펜치라고 부르는 작업용 공구로, 레버의 원리를 이용해 악력을 배가한다.

17 nippers. 전선이나 철사를 절단하는 데 쓰는 공구를 말한다.

18 昭和時代. 1926년 12월 26일부터 1989년 1월 7일까지 일본에서 사용된 연호이자 시대 구분이다.

19 馬蝗絆. 중국에서 일본으로 전해진 청자다완이다. 바코의 한자 중 '마황馬蝗'은 메뚜기를 뜻하며, 수리에 사용된 꺾쇠들이 마치 메뚜기처럼 보인다고 해서 이런 이름을 얻었다.

20 美栖紙. 나라현 요시노초에서 생산하는 와시로, 닥나무를 원료로 한다. 와시와 종이 제작 방식이나 두께에서 차이는 있지만, 같은 닥나무를 원료로 하는 한지로 보강 재료를 대체할 수 있다.

21 明治時代. 일본 역사에서 19세기 후반부터 20세기 초까지를 구분해서 가리키는 용어로, 일왕 무쓰히토睦仁의 재위 기간인 1867년 2월 13일부터 1912년 7월 30일까지의 시기를 말한다.

22 목공, 원예, 자동차 수리 등 생활용품을 광범위하게 갖춘 종합 매장.